Sonja Roost-Weideli

Backen mit Olivenöl

FONA

Vollständig überarbeitete und erweiterte Neuausgabe,
früher ISBN 3-03780-101-8

Gestaltung Umschlag: Andrea Heimgartner
Gestaltung Inhalt: Dora Eichenberger-Hirter, Birrwil
Foodbilder: DesignFoto Kocherhans AG, Basel
Bilder Einführungsteil: R. + H. Neuenschwander AG, Grafenried
Bildbearbeitung: Repro Schicker AG, Baar
Druck: Druckerei Uhl, Radolfzell
ISBN-10: 3-03780-241-3
ISBN-13: 978-3-03780-241-0

Ein herzliches Dankeschön

meinem Gatten für seine liebevolle Unterstützung und seine Anregungen; unserem lieben Freund Nikos Mavroidis, der mir in seiner Eigenschaft als Chemiker und Olivenölspezialist immer wieder geduldig und kompetent Auskunft gegeben hat; Jorgos Skarpalezos für sein feines Olivenöl nativ extra; allen, die mein Gebäck kritisch degustiert und mit Anregungen nicht gegeizt haben; den vielen lieben Menschen, die mir spontan ihre Lieblingsrezepte anvertraut haben; Potulla und ihrer Mutter für das Backen im alten Holzofen.

Inhalt

Abkürzungen

EL = gestrichener Esslöffel	TL = gestrichener Teelöffel
dl = Deziliter	ml = Milliliter
Msp = Messerspitze	
g = Gramm	

Maßeinheiten

1 EL Olivenöl	=	8–10 g
1 TL Salz	=	7 g
1 EL Salz	=	18 g
1 Prise Salz	=	2 g
1 EL Milch	=	8 g
1 TL Backpulver	=	8 g

Den Backofen immer vorheizen!
Die Backzeiten können je nach Modell +/-10 Minuten abweichen.

Vorwort

Begonnen hat unsere Olivenöl-Geschichte während unseres ersten Aufenthaltes in Griechenland im Jahre 1992. Es war ein Regentag. Feuchtigkeit und Kälte im Vorzelt unseres Wohnwagens machten uns ziemlich zu schaffen. Was wärmt besser und hebt erst noch die Stimmung, als eine Tasse Tee und ein feines Stück Kuchen?! Aber nicht gekaufter Kuchen, sondern einer aus der eigenen Backstube musste es sein ... In unserer «Bordküche» war alles vorhanden ... bis auf die Butter. Was tun in dieser Situation? Die Butter durch die gleiche Menge Olivenöl ersetzen?! Gesagt, getan.

Kennen Sie das Geräusch, wenn man mit Gummistiefeln durch eine Sumpfwiese watet? Genauso hat es sich angehört, als wir unseren fetttriefenden Karottenkuchen gegessen haben. Dieser Kuchen war wirklich kein Meisterwerk ... und auch kein großer Genuss. Gegessen haben wir ihn trotzdem bis auf die letzten Krümel.

Seit diesem Tag hat mich das Backen mit Olivenöl richtig gepackt ... und nie mehr losgelassen. Vor allem auch, weil ich weiß, wie gesund das Olivenöl ist. Für die pikante Backstube habe ich in Büchern das eine und andere Rezept gefunden. Aber an Süßes hatte sich in den nördlichen Regionen noch niemand so richtig herangewagt. Es brauchte deshalb einige Zeit, bis ich die vielen beliebten «Butterrezepte» mit Olivenöl ausprobiert hatte.

Mein Gebäck mit Olivenöl ist auch bei Einladungen und Festen beliebt und begehrt. Immer wieder werde ich gefragt, wie es mir denn gelinge, so leichte, bekömmliche Backwaren herzustellen. Und die Menschen sind jeweils sehr erstaunt, wenn ich ihnen mein Geheimnis verrate.

Immer mehr Menschen haben in den vergangenen Jahren das Olivenöl für die Küche entdeckt. Und jetzt kann dieser gesunde goldene «Saft» auch in der Backstube eingesetzt werden. Viel Vergnügen beim Backen und Genießen der süßen und pikanten Köstlichkeiten.

Sonja Roost-Weideli

Ein Geschenk der Göttin – aus der griechischen Mythologie

Zur Zeit von König Kekrops (ca. 1450 v. Chr.) stritten die Götter Athene und Poseidon um die Herrschaft über das Gebiet von Attika, dem späteren Land der Athener. König Kekrops, der sagenumwobene erste König Athens, halb Mensch und halb Schlange, machte diesen Streit zu einem Wettbewerb. Und er sprach: «Wer von Euch beiden Griechenland das nützlichere Geschenk macht, wird Herrscher über Attika!»

Daraufhin nahm Poseidon, der Gott des Meeres und der Erderschütterer, seinen Dreizack und steckte ihn in die Erde. Und siehe da! Da, wo der Dreizack die Erde durchstieß, sprudelte eine salzhaltige Quelle hervor und mit der Zeit bildete sich ein Meer. Poseidon ermöglichte den Menschen damit die Schifffahrt und das Reisen in ferne Länder, was für den Handel von großem Nutzen war.

Athene, die Schutzgöttin und Göttin der Weisheit nahm daraufhin ihren Speer und warf ihn in das Land hinein. Da, wo er in der Erde stecken blieb, wuchs ein feines, zartes grünes Pflänzchen dem Sonnenlicht entgegen. Das Pflänzchen entwickelte sich zu einem wunderschönen Ölbaum. Athene wurde damit Siegerin und somit auch Herrscherin über Attika, denn Olivenöl war etwas vom Wertvollsten, was der Menschheit je geschenkt wurde.

Von der Frucht zum Öl

Die Ernte

In der kargen Gegend der Mani (Südpeloponnes), meiner Wahlheimat, gedeihen kleinwüchsige, kräftige Olivenbäume, die mit viel Liebe gepflegt und deren Früchte immer noch von Hand geerntet werden. Rüttelmaschinen, wie sie vielerorts im Einsatz sind und die Bäume sehr unsanft schütteln, kennt man hier nicht.

Wenn der Großteil der anfänglich grünen Oliven sich weinrot bis auberginenfarben verfärbt hat, steht die Ernte vor der Tür. Die Bauern streifen die Oliven mit Handrechen oder schlagen sie mit Stöcken von den Ästen. Die am Boden ausgebreiteten Planen fangen sie auf. Bevor die Oliven in Säcke abgefüllt werden, wird das Blattwerk entfernt. Je nach Gelände können die Olivensäcke mit Traktor und Anhänger abtransportiert und zur Mühle gebracht werden. Oder: die Muskelkraft von Esel und Mensch sind gefragt.

Die traditionelle Ölmühle

In der Ölmühle saugt zuerst ein Gebläse die restlichen Blätter auf. Die Oliven werden nun auf einer Rüttelpiste mit kaltem Wasser gewaschen, bevor die Früchte samt Kernen zwischen großen Mahlsteinen in rund 30 Minuten zu einem Brei zerquetscht werden. Dieser Brei wird mit wenig Wasser verflüssigt und dann auf Pressmatten lagenweise zu einem Turm von etwa 2,5 m Höhe aufgebaut. Unter einer hydraulischen Presse wird nun der Olivenbrei mit bis 350 bar Druck gepresst: langsam tropft der köstliche goldene Saft in die Wanne. In einem weiteren Arbeitsschritt werden in einer Zentrifuge Wasser und Öl getrennt. Mit dem nachträglichen Filtrieren durch Baumwoll- oder Papierfilter können die letzten Verunreinigungen beseitigt werden. Das jungfräuliche Olivenöl wird in Flaschen oder Kanister abgefüllt. Es ist jetzt für den sofortigen Genuss/Konsum bereit.

Die moderne Ölmühle

Die traditionelle Methode der Ölgewinnung verliert immer mehr an Bedeutung. Ziel einer neuzeitlichen Ölmühle ist, die Arbeit nach Möglichkeit in einem Arbeitsgang auszuführen. Die gewaschenen Oliven werden in einer Zerkleinerungsmaschine durch schnell rotierende Edelstahlmesser, ähnlich einem Häcksler, zu Brei zerschlagen. Der Brei kommt in eine Auffangkammer, wo er unter ständigem Rühren zu einer geschmeidigen Masse «gedreht» wird. Wenn die Auffangkammer voll ist, geht der Inhalt über die Förderpumpe weiter in einen Separator, der mit hoher Geschwindigkeit durch Schleudern die Flüssigkeit von der festen Masse trennt. In einer Zentrifuge werden Öl und Wasser getrennt. Nach den heutigen Erkenntnissen gibt es keine Qualitätsunterschiede zu traditionell gewonnenem Öl.

Ungefiltertes Olivenöl

Viele Olivenölfans schwärmen von ungefiltertem Öl. Ganz unproblematisch ist das aber nicht. Die im Olivenöl verbleibenden Schwebestoffe wie Zellulose (Fruchtfleisch), Harze usw. sind ein idealer Nährboden für Keime und Bakterien. Beide begünstigen eine Gärung und ein schnelleres Ranzigwerden. Allgemein kann gesagt werden, dass ungefiltertes Olivenöl weniger lang haltbar ist. Bodensatz von ungefiltertem Olivenöl nicht verwenden!

Die im Olivenöl enthaltenen wertvollen Stoffe wie Vitamin E, Bitterstoffe, Antioxidanzien sowie Duft- und Aromastoffe gehen bei die Filtration nicht verloren.

Die Ölqualität

Wichtig für eine gute Ölqualität

- so rasch wie möglich vom Baum in die Mühle, nicht später als 4 Tage
- keine überreifen Früchte
- Es dürfen weder faule noch auf dem Boden liegende und tagelang in Säcken gelagerte Oliven verarbeitet werden.
- Bei Kaltpressung darf die Temperatur 28 °C nicht übersteigen.

Bei Einhaltung dieser Richtlinien wird das Olivenöl einen Säuregehalt von weniger als 0,8 % haben und das Qualitätsgütesiegel «nativ extra» bekommen.

Zu den Qualitäts- und Prüfungskriterien gehören auch Farbe, Geruch, Geschmack (organoleptische Kriterien) und verschiedene chemische und physikalische Punkte, z. B. die Analyse der Peroxidzahlen sowie der freien Fettsäuren und der Stigmastadiene. Es handelt sich dabei um Verordnungen der EU zur Qualitätssicherung.

Lassen wir Nikos Mavroidis, Olivenölspezialist und Chemiker aus der Mani (Griechenland) sprechen:

Das Olivenöl gilt als besonders kostbar, weil die Ölfrüchte auf einem Baum wachsen. Dieser Baum ist eingebettet in einen Mikrokosmos, zusammen mit anderen Bäumen, Pflanzen, Wildkräutern ...
Er ist auch Lebensraum für Kleintiere, Käfer und viele andere Winzlinge. Zerstören wir also diese natürliche Lebensgemeinschaft nicht durch Monokultur, Fungizide und Pestizide!

Erst lesen und prüfen, dann kaufen

Das sollte auf dem Etikett stehen

- Olivenöl nativ extra (D, A, CH),
  extra-partheno (Griechenland),
  vièrge-extra (Frankreich),
  extravergine (Italien)
  «kalt gepresst» muss nicht mehr zwingend aufgedruckt werden, da über «extra nativ» deklariert
- Säuregehalt weniger als 0,8 %
- Verfalldatum
- Herkunftsland
- Produzent, Abfüller oder Importeur, damit der Weg zurückverfolgt werden kann
- Lot-Number (Identifikations-Nummer oder Chargen-Nummer)

Ursprungs- oder Herkunftsbezeichnung

Es gibt Regionen, die ihr Öl durch einen kontrollierten Ursprungsnachweis schützen.
Griechisch: P.O.P./P.O.G.; italienisch: D.O.C., französisch: A.O.C.
Der Ursprungsnachweis garantiert auch, dass das Öl nicht mit anderen Ölen, auch nicht mit Öl aus anderen Ländern, «gepanscht» worden ist.

EU-Normen zur Qualitätsdeklaration

Olivenöl nativ extra

Olivenöl erster Güteklasse; ausschließlich mechanisch gewonnen. Der Anteil an freien Fettsäuren (berechnet als Ölsäure) darf 0,8 g pro 100 g Öl nicht übersteigen. Große Geschmacksvielfalt.

Natives Olivenöl

Ausschließlich mechanisch gewonnen. Der Anteil an freien Fettsäuren darf 2,0 g je 100 g Öl nicht übersteigen. Breite Geschmacksvielfalt.

Olivenöl

Eine Mischung aus raffiniertem und nativem Öl. Der Anteil an freien Fettsäuren ist 1,0 g je 100 g Öl. Ausgangsprodukt für «Olivenöl» ist natives Öl, welches die Qualitätskriterien nicht erfüllt. Aus diesem Grund wird das Öl raffiniert – wie die meisten Pflanzenöle – und später wieder mit würzigem Olivenöl gemischt. Aus dem im Olivenbrei verbleibenden Öl wird in einem völlig anderen Herstellungsverfahren Oliventresteröl gewonnen, das auch als solches deklariert werden muss.

Aroma, Farbe, Duft ...

Andere Region, anderes Öl
Qualität, Geschmack, Farbe, Duft und Konsistenz des Olivenöls werden von zahlreichen Faktoren beeinflusst: Anbaugebiet, Olivensorte, Klima, Bodenbeschaffenheit, Wasserversorgung, Ernte und Verarbeitungsmethoden.

Faszinierende Farbpalette
Vom hellen, zarten Frühlingsgrün, einem sonnigen, intensiven Gelb, einem satten Wiesengrün bis zu einem sehr dunklen Grün ist alles möglich. Die Farbe sagt wenig über die Qualität und den Geschmack des Öls aus. Auch ein helles Öl kann von kräftigem Geschmack sein.

- Intensiv grün wird das Olivenöl, wenn die Früchte früh geerntet worden sind.
- Goldgrün wird das Olivenöl, wenn die Früchte im mittelreifen Stadium geerntet worden sind.
- Reife Oliven ergeben ein goldgelbes Öl.
- Frisch abgefülltes Olivenöl ist in der Farbe stets dunkler als gelagertes Olivenöl.
- Wässriges, hellgelbes Olivenöl wurde möglicherweise zu lang dem Sonnenlicht ausgesetzt oder stand zu lang im Verkaufsregal. Verfalldatum beachten!

Düfte und Aromen
Fett ist allgemein ein idealer Duft- und Geschmacksträger. Die Oliven enthalten 16 bis 20 % Fett, und davon ist der überwiegende Teil im Fruchtfleisch enthalten. Deshalb nehmen die Früchte die Düfte aus der Umgebung besonders gut auf. Dies zeigt einmal mehr, wie wichtig eine intakte Natur ist. Die Duft und Aromastoffe von Wildkräutern, Naturwiesen, Mandel-, Orangen- und Zitronenbäumen drücken auch dem Olivenöl den Stempel auf.

Ranziges (verdorbenes) Olivenöl hat einen penetranten Geruch. Wer nicht gerade verschnupft oder erkältet ist, wird solches Öl leicht erkennen. Ranziges Öl ist ungenießbar und der Gesundheit nicht zuträglich. Das Öl kann jedoch auch unangenehm erdig oder schimmlig, alt oder muffig riechen. Verdorbenes Öl muss umweltverträglich entsorgt werden.

Olivenöl degustieren

Wussten Sie, dass die Zunge unser «Geschmacksorgan» ist? Und dass nur sie in der Lage ist, süß, salzig, sauer und bitter zu unterscheiden? Die Zungenspitze ist für die süßen Elemente zuständig, seitlich und in der vorderen Hälfte werden die salzigen, etwas weiter hinten die sauren Elemente wahrgenommen. Bittere Elemente meldet der hintere Teil der Zunge bis zum Zungenansatz.

Das Geschmacksempfinden ist sehr subjektiv und verändert sich im Laufe des Lebens. Hitze und Kälte sind Geschmackskiller. Getränke und Essen sollten deshalb weder siedend heiß noch eiskalt sein.

Olivenöl kann mild, stark, süß oder kräftig schmecken. Wir empfinden es als vollfruchtig, leicht bitter oder pfeffrig. Ähnlich wie beim Wein ist unser Geschmacksempfinden an der Zungenspitze anders als im Abgang (im hinteren Gaumen).

Haben Sie schon einmal Olivenöl vor dem Kauf getestet? Ein Kaffeelöffel Olivenöl pur, und Sie wissen, ob es Ihnen zusagt. Man kann es zum Degustieren auch auf wenig Weißbrot oder Toastbrot träufeln. Brot ist im Geschmack neutral genug, um das Aroma des Öls beurteilen zu können.

Hände weg von raffiniertem Öl

Beim Raffinieren von Fett werden lösliche Stoffe wie freie Fettsäuren, Farbstoffe, Geruchsstoffe, Harze, Oxidations- und Spaltprodukte durch thermische oder chemische Verfahren (Entsäuerung durch Behandlung mit Alkalien) entfernt. Sämtliche wasserlöslichen Bestandteile gehen verloren. Mit der Raffination werden so wichtige Inhaltsstoffe wie Antioxidanzien, Vitamin E, Phenole, Duft- und Aromastoffe entzogen respektive zerstört. Was bleibt, ist reines Fett. Lassen wir uns also vom Wort «rein» nicht irreführen. Dies gilt übrigens auch für alle anderen Ölsorten! Ein Teil der gesundheitsfördernden Inhaltsstoffe werden dem Öl nach der Raffination häufig künstlich wieder zugefügt.

Problemlose Lagerung

Olivenöl nativ extra wird weniger rasch ranzig als andere Öle. Das hat zwei Gründe:

- Das Öl ist reich an Vitamin E und Phenolen, sogenannten Antioxidanzien, welche einen natürlichen Schutz bieten.
- Das Olivenöl hat mit 80 % einen hohen Anteil an einfach ungesättigten Fettsäuren. Auch sie verhindern eine rasche Oxidation und machen das Öl zusätzlich hitzestabil.

Da Olivenöl sehr lichtempfindlich ist, lagert man es für den täglichen Bedarf am besten in einer dunklen Glasflasche oder in einem Porzellankrug. Für die Lagerung im Keller eignen sich auch Glasflaschen und Weißblechkanister. Ein Olivenöl nativ extra ist bei richtiger Lagerung 18 bis 24 Monate haltbar.

Olivenöl nativ extra ist kein Billigöl

Olivenbaum ist nicht gleich Olivenbaum. Allein in den Mittelmeerländern gibt es über 150 Sorten. Ältere Sorten tragen erst nach 10 bis 15 Jahren Früchte, jüngere bereits nach 4 bis 10 Jahren.

Verschiedene Faktoren beeinflussen den Ertrag: Klima, Temperatur, Witterung, Bodenbeschaffenheit und Lage des Olivenhaines.

In der Mani (Griechenland) liegt der durchschnittliche Ertrag pro Baum bei 20 kg. Und aus 20 kg Oliven werden 3 bis 4 $^{1}/_{2}$ l Olivenöl gepresst. Im Vergleich: 1 kg Weintrauben ergeben durchschnittlich 0,5 bis 0,7 l Wein.

Der Olivenbaum braucht Zuwendung. Denn der knorrige Baum hat so viel Kraft, dass er innerhalb kürzester Zeit verwildern würde. Grundsätzlich kann gesagt werden, dass auf den Baumschnitt und die Ernte rund 80 % der Kosten entfallen.

Olivenöl und Gesundheit

1. Das im Olivenöl enthaltene Vitamin E und die Phenole (z. B. Oleuropein) sowie der hohe Anteil an einfach ungesättigten Fettsäuren schützen vor Freien Radikalen, die bei der Entstehung von Krebs, bei koronaren Herzerkrankungen (Herzinfarkt), bei erhöhtem Blutdruck sowie beim Alterungsprozess eine Rolle spielen.

2. Olivenöl enthält bis zu 80 % einfach ungesättigte Fettsäuren, auch Ölsäure respektive Oleinsäure genannt. Diese einfach ungesättigten Fettsäuren sind bekömmlich und leicht verdaulich.

3. Die einfach ungesättigten Fettsäuren sind in der Lage, den Cholesterinspiegel zu senken, indem sie das HDL-Cholesterin (High Density Lipoprotein) erhöhen und damit den erwünschten Abtransport des LDL-Cholesterin (Low Density Lipoprotein) unterstützen.

4. Das Olivenöl ist cholesterinfrei.

5. Die im Olivenöl enthaltenen Iridoide haben eine antibiotische Wirkung. Sie schützen übrigens auch die heranreifenden Oliven vor Pilz- und Bakterienbefall. Die Alpha-Linolensäure bietet einen natürlichen Schutz gegen die Bildung von Blutgerinnseln und hat einen günstigen Einfluss auf Herzrhythmusstörungen.

Wie hätte Hippokrates die vielen Krankheiten heilen können, ohne die 43 verschiedenen selbst gefertigten Sorten von Medizin, die alle auf Olivenöl basieren.

Mittlere Fettsäurenzusammensetzung der Pflanzenfette (in % der Gesamtfettsäuren)

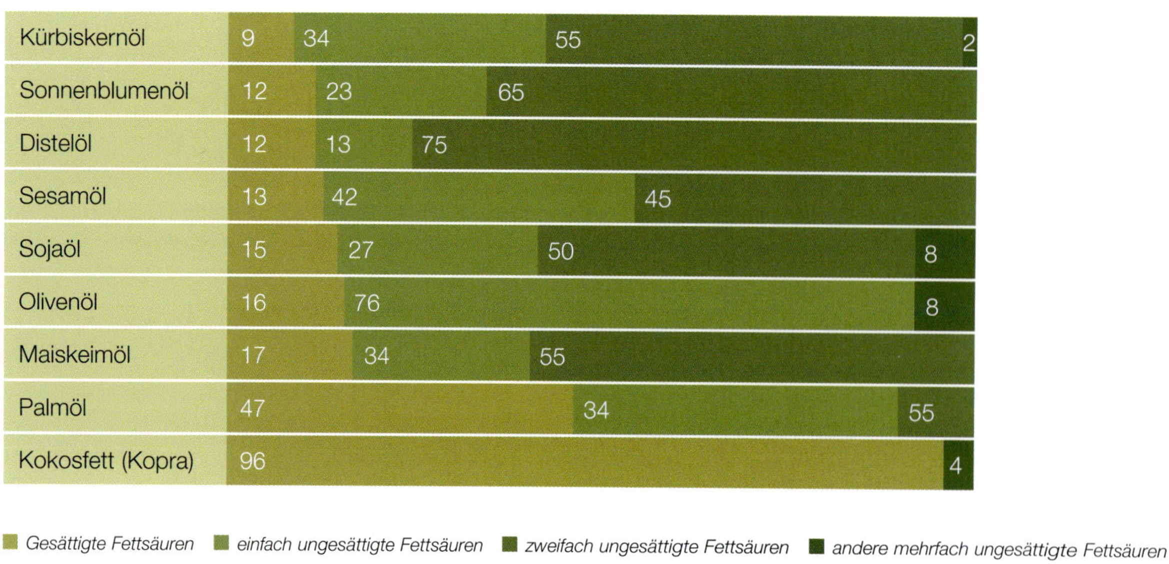

Die Vorteile des Olivenöls in der Backstube

- Der hohe Oleinsäuregehalt (einfach ungesättigte Fettsäuren) macht das Olivenöl hitzestabil. Im Gegensatz zu den meisten anderen Ölen entstehen beim Erhitzen keine schädlichen Substanzen, weder beim Braten und Backen noch beim Frittieren.
- Gebäck mit Olivenöl enthält bis zu 3 mal weniger Fett als solches mit Butter/Margarine.
- Olivenöl ist ein flüssiges Fett, es muss also nicht erst verflüssigt werden.
- Olivenöl ist ein ausgezeichneter Geschmacks- und Aromaträger.
- Vitamin E (Tokopherol) macht das Gebäck locker, luftig, geschmeidig und ergibt eine schöne Kruste.
- Die Eiermenge kann reduziert werden.
- Die Backwaren enthalten weniger Kalorien als bei Verwendung von Butter/Margarine.
- Olivenöl nativ extra kann bis zu 5 mal zum Frittieren verwendet werden.
- Die Backzeiten sind gleich wie bei traditionellem Gebäck mit Butter/Margarine.
- Das Gebäck bleibt länger frisch und trocknet weniger aus.

Rezepte

Rolfs Quarkcake

für eine Cake-/Kastenform von 32 cm Länge

Teig
90 g Zucker
1 Eigelb von einem Freilandei
80 g Olivenöl nativ extra
1 Prise Salz
1 Briefchen Vanillezucker
300 g Weißmehl/Mehltype 405
1 TL phosphatfreies Backpulver
ca. 1 dl/100 ml Milch

Füllung
1 Freilandei
100 g Zucker
1 Briefchen Vanillezucker
1 unbehandelte Zitrone, abgeriebene Schale und Saft
250 g Rahm-/Sahnequark
500 g Magerquark
40 g Maisstärke
1 kleine Dose Fruchtsalat, abgetropft
½ dl/50 ml Saft vom Fruchtsalat

1 Zucker und Eigelb verrühren, Olivenöl, Salz und Vanillezucker unterrühren. Mehl und Backpulver mischen, die Hälfte unter die Eigelbmasse rühren. Die Hälfte der Milch unterrühren, nun restliches Mehl unterrühren, je nach Konsistenz restliche Milch unterrühren. Es sollte ein knetbarer Teig entstehen. Möglichst rasch eine Kugel formen, diese in Klarsichtfolie einwickeln, im Kühlschrank 1 bis 2 Stunden ruhen lassen.
2 Für die Füllung Ei, Zucker, Vanillezucker, Zitronenschalen und -saft verrühren, Quark unterrühren. Maisstärke und Fruchtsaft glattrühren, zusammen mit dem Fruchtsalat unter die Quarkmasse rühren.
3 Backofen auf 180 °C vorheizen. Cakeform einölen.
4 Teig in 3 Portionen teilen. Ein Backpapier in der Größe des Bodens der Cakeform zuschneiden. Eine Teigportion direkt auf dem Papier ausrollen, in die Form legen. Für die 4 Wände aus dem restlichen Teig entsprechend lange Rollen formen und diese in die Form legen und entlang der Wände gut andrücken, die Ränder durch Fingerdruck 5 bis 6 cm hochziehen. Die Quarkmasse einfüllen.
5 Den Quarkcake auf der untersten Schiene in den Backofen schieben und bei 180 °C 60 bis 75 Minuten backen. In der Form auskühlen lassen.
Tipp Der Quarkcake schmeckt nach 3 Tagen am besten. Im Kühlschrank ist er 6 Tage haltbar.

Orangencake

für eine Cake-/Kastenform von 22 cm Länge

Teig

2 Freilandeier
100 g Zucker
30 g Olivenöl nativ extra
2 TL fein geschnittene Pfefferminzblättchen
1 Orange, Saft, oder
1 dl/100 ml Orangensaft
130 g Weißmehl/Mehltype 405
1 TL phosphatfreies Backpulver
1 Prise Salz

Guss

1 Orange, Saft, oder
1 dl/100 ml Orangensaft
130 g Puderzucker

1 Backofen auf 180 °C vorheizen. Cakeform einölen.
2 Eier, Zucker sowie Olivenöl gut verrühren. Pfefferminze und Orangensaft unterrühren. Mehl, Backpulver und Salz mischen, unter die Eiermasse rühren. Den sehr dünnflüssigen Teig in die Form gießen.
3 Orangencake in der Mitte in den Ofen schieben, bei 180 °C 45 bis 50 Minuten backen.
4 Den Orangencake in der Form belassen. Puderzucker und Orangensaft glattrühren, über den noch heißen Cake gießen. In der Form erkalten lassen. Vor dem Anschneiden mindestens 4 Stunden im Kühlschrank ruhen lassen.
Tipp Der Orangencake schmeckt am zweiten Tag noch besser. Er ist im Kühlschrank 4 Tage haltbar. Ein fruchtiger, herrlich feuchter, kühlender Kuchen!

Ananascake

für eine Cake-/Kastenform von 26 cm Länge

2 Freilandeier
150 g Zucker
1 Prise Salz
90 g Olivenöl nativ extra
1 unbehandelte Zitrone, abgeriebene Schale
3 EL geriebene Haselnüsse
50 g Kokosnussflocken
200 g Weißmehl/Mehltype 405
1 TL phosphatfreies Backpulver
500 g Ananasstückchen, frisch oder aus der Dose (ohne Saft)

1 Backofen auf 180 °C vorheizen. Cakeform einölen.
2 Eier, Zucker, Salz und Olivenöl gut verrühren, Zitronenschalen, Haselnüsse und Kokosnussflocken unterrühren. Backpulver und Mehl mischen, unterrühren. Teig lagenweise in die Form füllen, immer wieder Ananasstückchen einstreuen.
3 Ananascake in der Mitte in den Ofen schieben, bei 180 °C 55 bis 65 Minuten backen. Den Rand mit einem Spachtel lösen, Cake vorsichtig auf ein Kuchengitter stürzen.

Birnen-Igel

für eine Cake-/Kastenform von 30 cm Länge

2 Freilandeier
100 g Zucker
50 g Olivenöl nativ extra
1 Prise Salz
1 Briefchen Vanillezucker
1 unbehandelte Zitrone, abgeriebene Schale
200 g Weißmehl/Mehlype 405
2 TL phosphatfreies Backpulver
800 g reife, feste Birnen

1 Backofen auf 180 °C vorheizen. Cakeform einölen.
2 Eier, Zucker und Olivenöl gut verrühren, Salz, Vanillezucker und Zitronenschalen unterrühren. Mehl mit dem Backpulver mischen, unter die Eiermasse rühren. Teig in die Form füllen.
3 Birnen schälen, halbieren und entkernen. Jede Birnenhälfte längs in drei Stücke schneiden, mit der Spitze nach unten in den Teig stecken.
4 Den Birnencake auf der untersten Schiene in den Backofen schieben, bei 180 °C 55 bis 60 Minuten backen. In der Form auskühlen lassen.

Erdbeertorte

für eine Springform von 25 cm Durchmesser

3 Eigelbe von Freilandeiern
80 g Zucker
40 g Olivenöl nativ extra
2 Briefchen Vanillezucker
1 Prise Salz
1 unbehandelte Zitrone, abgeriebene Schale
4 EL Milch
25 g geriebene Mandeln
125 g Weißmehl/Mehltype 405
½ TL phosphatfreies Backpulver
3 Eiweiß

500–600 g reife Erdbeeren
Schlagrahm/-sahne

1 Backofen auf 180 °C vorheizen. Rand und Boden der Springform einölen.
2 Eigelbe, Zucker, Olivenöl, Vanillezucker und Salz gut verrühren. Zitronenschalen und Milch unterrühren. Mandeln, Mehl und Backpulver mischen. Eiweiß zu Schnee schlagen. Mehlmischung und Eischnee portionsweise unter die Eigelbmasse ziehen. Teig in die Form füllen und glatt streichen.
3 Biskuit auf der untersten Schiene in den Backofen schieben, bei 180 °C 20 bis 25 Minuten backen. 30 Minuten im geöffneten Backofen ruhen lassen. Das Biskuit aus der Form nehmen.
4 Biskuit kurz vor dem Servieren mit Erdbeeren und Schlagrahm garnieren.
Varianten Die Oberfläche des Biskuits vor dem Garnieren mit Grand Marnier beträufeln und/oder mit Erdbeer- oder Johannisbeerkonfitüre oder verflüssigtem Gelee bestreichen.

Kokos-Apfel-Kuchen

für eine Springform von 24 cm Durchmesser

3 Freilandeier
150 g Vollrohrzucker
1 EL Olivenöl nativ extra
1 Zitrone, Saft
100 g Kokosnussraspel
200 g Weißmehl/Mehltype 405
1 TL phosphatfreies Backpulver
1 Prise Salz
4 Äpfel

1 Backofen auf 180 °C vorheizen. Boden und Rand der Springform einölen.
2 Eier, Zucker und Olivenöl gut verrühren. Zitronensaft und Kokosraspel unterrühren. Mehl, Backpulver und Salz mischen, nach und nach unter die Eiermasse rühren. Teig in die Form füllen.
3 Äpfel schälen, halbieren, Kerngehäuse entfernen. Rundung mit einem Messer in kleinen Abständen tief einschneiden. Apfelhälften mit der Rundung oben in den Teig drücken. Mit ein wenig Zucker bestreuen.
4 Den Kokos-Apfel-Kuchen auf der untersten Schiene in den Backofen schieben und bei 180 °C 35 bis 45 Minuten backen.

Zitronen-Quarkkuchen

für eine Springform von 24 cm Durchmesser

Biskuit
3 Eigelbe von Freilandeiern
80 g Vollrohrzucker
40 g Olivenöl nativ extra
4 EL Milch
1 Briefchen Vanillezucker
1 unbehandelte Zitrone, abgeriebene Schale
150 g Weißmehl/Mehltype 405
½ TL phosphatfreies Backpulver
1 Prise Salz
3 Eiweiß

Quarkfüllung
500 g Rahm-/Sahnequark
100 g Zucker
1 Freilandei
½ dl/50 ml Zitronensaft
2 Briefchen Vanillezucker
2 unbehandelte Zitronen, abgeriebene Schale

1 Backofen auf 180 °C vorheizen. Rand und Boden der Springform einölen.
2 Für den Teig Eigelbe, Zucker und Olivenöl gut verrühren, Milch, Vanillezucker und Zitronenschalen unterrühren. Mehl, Backpulver und Salz mischen. Das Eiweiß zu Schnee schlagen. Mehl und Eischnee abwechselnd in Portionen unter die Eigelbmasse ziehen. Teig in die Springform füllen.
3 Für die Quarkfüllung die Zutaten verrühren, über die Biskuitmasse verteilen.
4 Zitronen-Quarkkuchen in der Mitte in den Backofen schieben, bei 180 °C 50 bis 60 Minuten backen. In der Form auskühlen lassen.

Karottentorte

für eine Springform von 23 cm Durchmesser

3 Eigelbe von Freilandeiern
200 g Zucker
60 g Olivenöl nativ extra
je 1 Msp Nelken- und Zimtpulver
1 unbehandelte Zitrone,
abgeriebene Schale und Saft
250 g Karotten
125 g geriebene Mandeln
125 g geriebene Haselnüsse
200 g Weißmehl/Mehltype 405
1 Prise Salz
1 TL phosphatfreies Backpulver
3 Eiweiß

4 EL Puderzucker
2 EL Zitronensaft
Marzipankarotten

1 Backofen auf 180 °C vorheizen. Rand und Boden der Springform einölen.
2 Eigelbe, Zucker, Olivenöl, Gewürze, Zitronensaft und -schalen gut verrühren. Karotten schälen, auf der Röstiraffel (Gemüsehobel) dazureiben, unterrühren. Nüsse, Mehl, Salz sowie Backpulver mischen. Eiweiß zu Schnee schlagen. Mehlmischung und Eischnee in Portionen abwechselnd unter die Karottenmasse ziehen. Den Teig in die Form füllen und glattstreichen.
3 Den Karottenkuchen auf der untersten Schiene in den Backofen schieben, bei 180 °C 50 bis 60 Minuten backen. Aus der Form nehmen, auskühlen lassen.
4 Puderzucker mit dem Zitronensaft glattrühren, Karottenkuchen damit überziehen, mit einem Spachtel glattstreichen, mit Marzipankarotten garnieren.

Kartoffeltorte

für eine Springform von 22 bis 25 cm Durchmesser

300 g fest kochende Kartoffeln
3 Eigelbe von Freilandeiern
200 g Zucker
40 g Olivenöl nativ extra
2 Briefchen Vanillezucker
1 Msp Zimtpulver
1 Prise Salz
100 g geriebene Haselnüsse
150 g Weizengrieß
½ TL phosphatfreies Backpulver
3 Eiweiß

2 EL Puderzucker
6 Marzipankugeln

1 Kartoffeln in der Schale im Dampf weich garen. Noch heiß schälen, etwas abkühlen lassen, dann auf der Röstiraffel (Gemüsehobel) reiben.
2 Backofen auf 180 °C vorheizen. Rand und Boden der Springform einölen.
3 Eigelbe, Zucker, Olivenöl und Gewürze verrühren. Kartoffeln unterrühren. Nüsse, Weizengrieß und Backpulver mischen. Eiweiß zu Schnee schlagen. Nuss-Grieß-Mischung und Eischnee in kleinen Portionen abwechselnd unter die Kartoffelmasse ziehen. In die Form füllen und glattstreichen.
4 Kartoffelkuchen auf der untersten Schiene in den Backofen schieben, bei 180 °C rund 50 Minuten backen. Kuchen aus der Form nehmen und abkühlen lassen.
5 Den Kartoffelkuchen mit Puderzucker bestäuben. Marzipankugeln halbieren und auf den Kuchen legen.

Feigentorte

für eine Springform von 25 cm Durchmesser

3 Eigelbe von Freilandeiern
180 g Zucker
80 g Olivenöl nativ extra
1 unbehandelte Zitrone, abgeriebene Schale
200 g getrocknete Feigen, in Streifchen
60 g kandierte Früchte
4 EL Rum
250 g Weißmehl/Mehltype 405
1 TL phosphatfreies Backpulver
1 Prise Salz
3 Eiweiß

30 g Puderzucker zum Bestäuben

1 Backofen auf 180 °C vorheizen. Rand und Boden der Springform einölen.
2 Die kandierten Früchte mit dem Rum beträufeln, einige Minuten ziehen lassen.
3 Eigelbe, Zucker, Olivenöl und Zitronenschale gut verrühren. Feigen sowie kandierte Früchte unterrühren. Mehl, Backpulver und Salz mischen, Eiweiß steif schlagen. Mehl und Eischnee abwechselnd in Portionen unter die Eimasse ziehen. In die Form füllen und glattstreichen.
4 Feigentorte auf der untersten Schiene in den Backofen schieben und bei 180 °C 30 bis 40 Minuten backen.
5 Den Ring vorsichtig lösen. Die Torte zum Auskühlen auf ein Kuchengitter stürzen. Vor dem Servieren mit Puderzucker bestäuben.

Feigencake

für eine Cake-/Kastenform von 32 cm Länge

3 Eigelbe von Freilandeiern
150 g Zucker
1 Prise Salz
30 g Olivenöl nativ extra
1½ unbehandelte Zitronen, abgeriebene Schale und Saft
70 g Kokosnussflocken
70 g geriebene Baumnüsse/Walnüsse
200 g getrocknete Feigen, in Streifen
100 g Weißmehl/Mehltype 405
2 TL phosphatfreies Backpulver
3 Eiweiß

1 Backofen auf 180 °C vorheizen. Cakeform einölen.
2 Eigelbe, Zucker, Salz und Olivenöl gut verrühren. Zitronenschalen und -saft sowie Kokosnussflocken, Baumnüsse und Feigen unterrühren. Mehl und Backpulver mischen. Eiweiß steif schlagen. Mehl und Eischnee abwechselnd in Portionen unter die Masse ziehen. Teig in die Cakeform füllen.
3 Feigencake in der Mitte in den Ofen schieben, bei 180 °C 50 bis 60 Minuten backen. In der Form auskühlen lassen. Nach Belieben mit Puderzucker bestäuben und mit Feigenstückchen garnieren.

Schokoladentorte

für eine Springform von 23 cm Durchmesser

4 Eigelbe von Freilandeiern
200 g Zucker
30 g Olivenöl nativ extra
200 g Zartbitter-Schokolade
1 Prise Salz
1 Briefchen Vanillezucker
250 g geriebene Mandeln
4 Eiweiß

Glasur
120 g Zartbitter-Schokolade, fein gerieben
10–12 Pralinen

1 Eigelbe, Zucker und Olivenöl gut verrühren.
2 Backofen auf 180 °C vorheizen.
3 Schokolade in grobe Stücke brechen und in einer kleinen Schüssel über dem kochenden Wasserbad schmelzen, unter die Eigelbmasse rühren. Salz, Vanillezucker und Mandeln unterrühren. Eiweiß zu Schnee schlagen und sorgfältig unterziehen. Teig in die eingeölte Form füllen.
4 Schokoladentorte auf der untersten Schiene in den Backofen schieben, bei 180 °C rund 50 Minuten backen. In der Form auskühlen lassen. Aus der Form nehmen.
5 Für die Glasur geriebene Schokolade in einer kleinen Schüssel über dem kochenden Wasserbad schmelzen, rasch mit einem Spachtel auf der Torte verstreichen. 30 Minuten abkühlen lassen, Pralinen darauf legen.

Amaretto-Cake

für eine Cake-/Kastenform von 24 bis 26 cm Länge

3 Eigelbe von Freilandeiern
200 g Zucker
40 g Olivenöl nativ extra
4 Tropfen Bittermandelöl
4 EL Amaretto
100 g Weißmehl/Mehltype 405
150 g geschälte, geriebene Mandeln
½ TL phosphatfreies Backpulver
1 Prise Salz
3 Eiweiß

Garnitur
1 EL Zucker
3 EL Amaretto
2 Tropfen Bittermandelöl
2 EL Mandelblättchen

1 Backofen auf 180 °C vorheizen. Cakeform einölen.
2 Eigelbe, Zucker, Öle und Amaretto gut verrühren. Mehl, Mandeln, Backpulver und Salz mischen. Eiweiß steif schlagen. Mehlmischung und Eischnee in kleinen Portionen abwechselnd unter die Eigelbmasse ziehen. In die Form füllen.
3 Amaretto-Cake in der Mitte in den Ofen schieben, bei 180 °C 40 bis 50 Minuten backen.
4 Für die Garnitur Zucker in einer Pfanne bei mittlerer Hitze schmelzen (erst rühren, wenn der Zucker flüssig ist), Amaretto und Bittermandelöl zugeben. Vorsicht: der Karamell sprudelt und schäumt! Pfanne von der Wärmequelle nehmen. Damit die Masse nicht hart wird, immer wieder kurz erwärmen. Die Mandelblättchen unterrühren, über den Cake verteilen.

Dattel-Schoko-Cake

für eine Cake/-Kastenform von 30 bis 32 cm Länge

200 g Datteln
3 EL Grand Marnier
3 Eigelbe von Freilandeiern
100 g Zucker
2 EL Olivenöl nativ extra
100 g Zartbitter-Schokolade
½ dl/50 ml warme Milch
150 g geriebene Mandeln
1 EL Maisstärke
1 Prise Salz
½ TL phosphatfreies Backpulver
3 Eiweiß

Garnitur
50 g Zartbitter-Schokolade
2 EL Wasser
50 g Puderzucker

1 Die 200 g Datteln halbieren, entsteinen und fein hacken, mit Grand Marnier beträufeln, 15 Minuten ziehen lassen.
2 Backofen auf 180 °C vorheizen. Cakeform einölen.
3 Eigelbe, Zucker sowie Olivenöl gut verrühren. Schokolade in Stücke brechen, in der warmen Milch schmelzen, mit den gehackten Datteln unter die Eigelbmasse rühren. Mandeln, Maisstärke, Salz und Backpulver mischen. Eiweiß zu Schnee schlagen. Mandeln und Eischnee in kleinen Portionen abwechselnd unter die Teigmasse ziehen.
4 Den Dattel-Schoko-Cake in der Mitte in den Ofen schieben, bei 180 °C rund 50 Minuten backen.
5 Für die Glasur die Schokolade in Stücke brechen, in einer kleinen Schüssel über dem kochenden Wasserbad schmelzen, Puderzucker mit 2 EL Wasser glattrühren, flüssige Schokolade unterrühren. Glasur mit einem Spachtel auf dem noch warmen Cake verstreichen.

Pistazientorte

für eine Springform von 22 bis 24 cm Durchmesser

Teig
3 Eigelbe von Freilandeiern
100 g Zucker
50 g Olivenöl nativ extra
1 dl/100 ml Milch, 3 EL Grand Marnier
150 g Weißmehl/Mehltype 405
1 TL phosphatfreies Backpulver

Füllung
3 Eiweiß
120 g Zucker
1 Prise Salz
50 g ungesalzene, geschälte Pistazien, fein gerieben
50 g ungesalzene, geschälte Pistazien, fein gehackt

1 Für den Teig Eigelbe, Zucker und Olivenöl verrühren. Milch und Grand Marnier unterrühren. Mehl und Backpulver mischen, unter die Eigelbmasse rühren.
2 Backofen auf 180 °C vorheizen. Boden und Rand der Springform einölen.
3 Für die Füllung das Eiweiß halb steif schlagen, die Hälfte des Zuckers und die Prise Salz zugeben und die Masse steif schlagen. Restlichen Zucker und geriebene Pistazien vorsichtig unterziehen.
4 Teig in die Form füllen und glatt streichen. Eischnee gleichmäßig darauf verteilen. Gehackte Pistazien darüber streuen.
5 Die Pistazientorte auf der untersten Schiene in den Ofen schieben, bei 180 °C 30 Minuten backen, den Backofen auf 120 °C zurückschalten, Torte weitere 30 Minuten backen. 15 Minuten bei geöffneter Ofentüre ruhen lassen.
Tipp Wenn keine salzlosen Pistazien erhältlich sind, gesalzene in Wasser einmal aufkochen, in einem Sieb abtropfen lassen, dann in ein Küchentuch geben und zwischen den Handflächen reiben; so lässt sich die Haut leicht entfernen.

Kaffeekuchen mit Japonaishaube

für eine Springform von 24 cm Durchmesser

Teig

3 Eigelbe von Freilandeiern
170 g Zucker
60 g Olivenöl nativ extra
3 EL lösliches Kaffeepulver
1 dl/100 ml Milch
250 g Weißmehl/Mehltype 405
1 TL phosphatfreies Backpulver
1 Prise Salz

Eiweißmasse

3 Eiweiß
30–50 g Zucker
150 g geschälte, geriebene Mandeln

Guss

½ dl/50 ml Pflümli (Pflaumenwasser)
50 g Zucker

Garnitur

wenig Puderzucker

1 Backofen auf 180 °C vorheizen. Boden und Rand der Springform einölen.
2 Für den Teig Eigelbe, Zucker und Olivenöl verrühren. Kaffeepulver in der Milch auflösen und unterrühren. Mehl, Backpulver und Salz mischen, nach und nach unterrühren. Teig in die Form füllen.
3 Eiweiß zu Schnee schlagen, Zucker und Mandeln vorsichtig unterziehen. Teig in die Form füllen und glattstreichen.
4 Kaffee-Kuchen in der Mitte einschieben, bei 180 °C 45 bis 50 Minuten backen.
5 Für den Guss Pflümli und Zucker in einer kleinen Pfanne erwärmen, bis sich der Zucker ganz aufgelöst hat. Kuchen aus der Form nehmen und sofort auf der dunklen Seite mit dem Guss bepinseln. Kuchen vor dem Servieren drehen und mit Puderzucker bestäuben.

Baileys Cake

für eine Cake-/Kastenform von 30 cm Länge

3 Eigelbe von Freilandeiern
200 g Zucker
80 g Olivenöl nativ extra
1 EL Vanillezucker
5 EL Baileys
50 g geriebene Haselnüsse
50 g Haselnüsse, grob gehackt
100 g Zartbitter-Schokolade, fein gehackt
200 g Weißmehl/Mehltype 405
1 TL phosphatfreies Backpulver
1 Prise Salz
3 Eiweiß

1 Backofen auf 180 °C vorheizen. Cakeform einölen.
2 Eigelbe, Zucker und Olivenöl verrühren. Vanillezucker, Baileys, Haselnüsse und Schokolade unterrühren. Mehl, Backpulver und Salz mischen. Das Eiweiß steif schlagen. Mehl und Eischnee in kleinen Portionen abwechselnd unter die Eigelbmasse ziehen. Teig in die Form füllen und glatt streichen.
3 Baileys Cake auf der untersten Schiene in den Backofen schieben, bei 180 °C 45 Minuten backen.

Nusskuchen griechische Art

für eine viereckige, 4 bis 5 cm hohe Form von 30 cm x 24 cm

3 Freilandeier
150 g Zucker
60 g Olivenöl nativ extra
200 g geriebene Baumnüsse/Walnüsse
2 Msp Nelkenpulver
1 TL Zimtpulver
1 Briefchen Vanillezucker
1 unbehandelte Zitrone, abgeriebene Schale
3 EL Cognac
200 g Weißmehl/Mehltype 405
1 TL Natron (Drogerie/Apotheke/Bäckerei)
1 TL phosphatfreies Backpulver

Guss
100 g Zucker
1½ dl/150 ml Wasser
2–3 Gewürznelken
1 EL Zitronensaft

1 Backofen auf 180 °C vorheizen. Form einölen.
2 Eier und Zucker gut verrühren. Olivenöl, Nüsse, Gewürze, Vanillezucker, Zitronenschale und Cognac unterrühren. Mehl, Natron und Backpulver mischen, unter die Masse rühren. Teig in die Form füllen.
3 Nusskuchen in der Mitte in den Backofen schieben, bei 180 °C 50 bis 60 Minuten backen. Kuchen in der Form belassen.
4 Für den Guss sämtliche Zutaten aufkochen, bei schwacher Hitze 2 Minuten kochen. Nelken entfernen. Zuckerguss über den noch warmen Kuchen gießen. Guss ganz aufbrauchen, damit der Kuchen gut feucht wird.

Mandelkuchen

für eine Backform von 29 cm x 33 cm

Teig

40 g Olivenöl nativ extra
130 g Rahm-/Sahnequark
1 Prise Salz
200 g Weißmehl/Mehltype 405

4–6 EL Aprikosenkonfitüre

Füllung

2 EL Olivenöl nativ extra
2 Freilandeier
1½ EL Zimtpulver
1 Prise Salz
150 g Zucker
200 g geriebene Mandeln
1 TL phosphatfreies Backpulver
4 EL Paniermehl/Semmelbrösel
2 dl/200 ml Rahm/Sahne

150 g Schokoladenstreusel

1 Olivenöl, Quark und Salz verrühren, Mehl zugeben, zu einem Teig zusammenfügen.
2 Backofen auf 180 °C vorheizen.
3 Teig auf Formgröße ausrollen, in die eingeölte Form legen. Mit Aprikosenkonfitüre bepinseln. Für die Füllung alle Zutaten verrühren, auf dem Teigboden verstreichen.
4 Den Mandelkuchen in der Mitte in den Backofen schieben, bei 180 °C 40 bis 45 Minuten backen. Schokoladenstreusel auf dem noch heißen Kuchen verteilen. In der Form erkalten lassen.

Linzertorte

für eine Springform von 25 cm Durchmesser

2 Freilandeier
150 g Zucker
50 g Olivenöl nativ extra
50 g geriebene Zartbitter-Schokolade
½ unbehandelte Zitrone, abgeriebene Schale
je 1 Msp Nelken- und Zimtpulver
1 Briefchen Vanillezucker
200 g geriebene Haselnüsse
200 g Weißmehl/Mehltype 405
1 Prise Salz

150 g Himbeerkonfitüre

1 Backofen auf 180 °C vorheizen. Boden und Rand der Springform einölen.
2 Eier, Zucker und Olivenöl gut verrühren. Schokolade, Zitronenschale, Gewürze, Vanillezucker und Haselnüsse mischen, unter die Eiermasse rühren. Mehl und Salz mischen, zugeben, zu einem Teig zusammenfügen, nicht kneten.
3 Den Teig in 3 gleich große Portionen teilen. Für den Boden eine Portion Teig zwischen Klarsichtfolien auf Formgröße ausrollen, in die Form legen. Für den Rand 1½ Teigportionen zu einer Rolle drehen, an den Rand der Form legen, leicht hochziehen und andrücken. Die Himbeerkonfitüre auf den Boden verteilen. Den restlichen Teig auf wenig Mehl ausrollen, Streifen schneiden und diese gitterartig auf die Konfitüre legen oder Förmchen ausstechen und auf die Konfitüre legen.
4 Linzertorte auf der untersten Schiene in den Ofen schieben, bei 180 °C 45 bis 50 Minuten backen. Rand der Springform entfernen. Linzertorte auskühlen lassen.

Hefezopf mit Haselnussfüllung

für eine Cake-/Kastenform von 32 bis 36 cm Länge

Hefeteig
400 g Weißmehl/Mehltype 405
1 Prise Salz
80 g Zucker
1 Hefewürfel
1½–2 dl/150–200 ml lauwarme Milch
20 g Olivenöl nativ extra

Nussfüllung
250 g geriebene Haselnüsse
100 g Zucker
1 Freilandei, verquirlt
1 unbehandelte Zitrone, abgeriebene Schale und Saft
1 Apfel
½–1 dl/50–100 ml Rahm/Sahne

6 EL Aprikosenkonfitüre

Glasur
3 EL Puderzucker
2 EL Zitronensaft

1 Mehl in eine Schüssel geben und eine Vertiefung formen. Salz über den Mehlkranz streuen. Hefe zerbröckeln, mit Zucker und dem Olivenöl zusammen in die Vertiefung geben, etwa ⅔ der Milch zugießen, Mehl nach und nach zur Flüssigkeit geben. Eventuell restliche Milch zugeben. Den Hefeteig gut kneten, zugedeckt 1 Stunde oder auch länger gehen lassen.
2 Für die Füllung Haselnüsse und Zucker mischen. Ei, Zitronenschale und -saft unterrühren. Apfel mit Schale auf der Röstiraffel dazureiben, unterrühren. So viel Rahm zugeben, bis eine weiche, aber nicht dünnflüssige Masse entsteht.
3 Teig kurz durchkneten, zu einem Rechteck von 46 cm x 38 cm ausrollen. Rechteck quer in drei gleich große Teile schneiden. Zuerst Aprikosenkonfitüre auf den Teigstücken gleichmäßig verstreichen, dann die Nussmasse, in Längsrichtung satt einrollen. Teigrollen auf ein Backpapier legen und zu einem Zopf flechten. Hefezopf in die Form legen und nochmals 30 Minuten gehen lassen.
4 Backofen auf 180 °C vorheizen.
5 Hefezopf in der Mitte in den Backofen schieben, bei 180 °C 50 bis 60 Minuten backen. Sofort aus der Form nehmen.
6 Für die Glasur Puderzucker und Zitronensaft glatt rühren. Den noch warmen Zopf damit bestreichen.

Weinringe griechische Art

für 24 Ringe

1 dl/100 ml Rosé- oder Rotwein
160 g Zucker
1 TL Zimtpulver
1 TL Anispulver
1½ EL Honig
1 Orange, Saft, oder
½ dl/50 ml Orangensaft
80 g Olivenöl nativ extra
500 g Weißmehl/Mehltype 405
150 g geriebene Baumnüsse/Walnüsse
½ TL phosphatfreies Backpulver

Glasur
1 EL Zucker
2 EL warmes Wasser

1 Wein aufkochen, Zucker, Gewürze, Honig und Orangensaft zufügen, erkalten lassen. Olivenöl unterrühren. Mehl, Nüsse und Backpulver mischen, zur Flüssigkeit geben, alles zu einem Teig kneten.
2 Backofen auf 180 °C vorheizen. Ein großes Blech einölen.
3 Teig in Portionen von etwa 50 g teilen. Aus jeder Portion eine 15 bis 17 cm lange Rolle drehen, diese zu einem Ring schließen, gut zusammendrücken. Auf das Blech legen.
4 Weinringe auf der untersten Schiene in den Backofen schieben, bei 180 °C 30 bis 40 Minuten backen. Noch warm mit Zuckerwasser bepinseln, auf dem Blech auskühlen lassen.

Skalzunjas

Teigtaschen griechische Art

Teig
400 g Weißmehl/Mehltype 405
1 TL phosphatfreies Backpulver
1,2 dl/120 ml Wasser
3 EL Honig
100 g Olivenöl nativ extra

Füllung
60 g gehackte Baumnüsse/Walnüsse
60 g gehackte Mandeln
30 g Weinbeeren/Rosinen
2 EL flüssiger Honig
1 EL Aprikosenkonfitüre

1 Eiweiß zum Bestreichen

Puderzucker nach Belieben

1 Mehl und Backpulver mischen. Wasser erwärmen und den Honig darin auflösen, mit dem Olivenöl zum Mehl geben, zu einem weichen Teig kneten. Teig im Kühlschrank abkühlen lassen.
2 Für die Füllung alle Zutaten verrühren.
3 Backofen auf 200 °C vorheizen. Ein rechteckiges Backblech einölen.
4 Teig 2 bis 3 mm dick ausrollen, mit einer Tasse oder einer runden Form (etwa 10 cm Durchmesser) Rondellen ausstechen. Eiweiß leicht verquirlen, den Rand damit bestreichen. ½ bis 1 EL der Füllung auf eine Hälfte der Rondelle geben, zusammenklappen und den Rand mit der Gabel festdrücken.
5 Skalzunjas in der Mitte in den Backofen schieben, bei 180 °C 20 Minuten backen. Mit Puderzucker bestäuben.

Biberli/Marzipanplätzchen

für 40 Stück

500 g Weißmehl/Mehltype 405
85 g Zucker
9 g Lebkuchengewürz
½ TL Natron (Drogerie/Apotheke/Bäckerei)
1 unbehandelte Orange, abgeriebene Schale
1 dl/100 ml Milch
125 g Melasse
90 g Honig
30 g Olivenöl nativ extra
400 g Marzipan

1 Mehl, Zucker, Lebkuchengewürz sowie Natron und Orangenschalen mischen, eine Vertiefung formen. Melasse und Honig in der warmen Milch auflösen, in die Vertiefung gießen, Olivenöl zugeben, zu einem weichen Teig verarbeiten. Teig in einem Plastikbeutel über Nacht im Kühlschrank ruhen lassen.
2 Teig vor dem Verarbeiten mindestens 1 Stunde bei Zimmertemperatur stehen lassen.
3 Backofen auf 180 °C vorheizen. Backblech einölen.
4 Marzipan in 5 Portionen teilen (je 80 g), daraus Rollen von 15 cm Länge formen.
5 Teig in 5 Portionen teilen (je 190 g), daraus Rechtecke von 15 cm x 12 cm ausrollen.
6 Jeweils eine Marzipanrolle in ein Teigstück einrollen, dieses auf etwa eine Länge von 20 cm ausrollen. Teigstücke in 15 bis 20 mm breite Scheiben schneiden, auf das Backblech legen.
7 Biberli in der Mitte in den Backofen schieben, bei 180 °C etwa 20 Minuten backen.

Mandelplätzchen

30 g Olivenöl nativ extra
1 Freilandei
½–1 dl/50–100 ml Milch
160 g Vollrohrzucker
1½ TL Zimtpulver
250 g Vollkornmehl
½ TL phosphatfreies Backpulver
1 Prise Salz
100 g geschälte Mandeln, grob gehackt

1 Olivenöl, Ei und Milch gut verrühren, Zucker und Zimt unterrühren.
2 Mehl, Backpulver und Salz in einer Schüssel mischen, Eiermasse in die Vertiefung geben, zu einem Teig kneten, Mandeln einarbeiten.
3 Den Teig halbieren, 2 Rollen von etwa 3 cm Durchmesser formen. Die Rollen auf ein Backpapier legen und über Nacht kühl stellen.
4 Backofen auf 180 °C vorheizen. Backblech einölen.
5 Teigrollen in 15 mm dicke Scheiben schneiden, auf das Blech legen.
6 Mandelplätzchen in der Mitte in den Ofen schieben, bei 180 °C rund 30 Minuten backen.

Haselnuss-Ringe

für 12 Ringe

60 g Zucker
1 Orange, Saft, oder
1 dl/100 ml Orangensaft
30 g Olivenöl nativ extra
½ TL Zimtpulver
100 g geriebene Haselnüsse
50 g gehackte Haselnüsse
250 g Weißmehl/Mehltype 405
½ TL Natron (Drogerie/Apotheke/Bäckerei)
½ TL phosphatfreies Backpulver

1 Zucker, Orangensaft und Olivenöl gut verrühren. Zimt sowie geriebene und gehackte Haselnüsse unterrühren. Mehl, Natron und Backpulver mischen, zur Nussmasse geben, von Hand zu einem Teig zusammenfügen. Eventuell braucht es noch etwas mehr Mehl, der Teig darf nicht kleben.
2 Backofen auf 180 °C vorheizen. Ein großes Backblech einölen.
3 Teig in Portionen von etwa 50 g teilen. Aus jeder Teigportion eine 15 cm lange Rolle formen, zu einem Ring schließen, gut zusammendrücken.
4 Die Nussringe auf der zweituntersten Schiene in den Backofen schieben und bei 180 °C 20 bis 30 Minuten backen.

Lemon-Muffins

für 12 Muffins

3 Freilandeier
120 g Zucker
80 g Olivenöl nativ extra
2 unbehandelte Zitronen, abgeriebene Schale
2 Briefchen Vanillezucker
100 g Zitronatwürfelchen
250 g Weißmehl/Mehltype 405
1 Prise Salz
1 TL phosphatfreies Backpulver

Guss
2 Zitronen, Saft
30 g Puderzucker

1 Backofen auf 180 °C vorheizen. Muffinförmchen einölen.
2 Eier und Zucker verrühren. Olivenöl, Zitronenschalen, Vanillezucker und Zitronatwürfelchen unterrühren. Mehl, Salz und Backpulver mischen, nach und nach zur Eiermasse geben, rühren, bis der Teig Blasen wirft. In die Förmchen füllen.
3 Lemon-Muffins auf der untersten Schiene in den Backofen schieben, bei 180 °C rund 20 Minuten backen.
4 Für den Guss Zitronensaft und Puderzucker glattrühren. Die noch heißen Muffins mit dem Zitronenguss bepinseln.

Schokoladen-Muffins

für 12 Muffins

3 Eigelbe von Freilandeiern
150 g Zucker
40 g Olivenöl nativ extra
1 Prise Salz
200 g geriebene Haselnüsse
50 g fein gehackte Haselnüsse
150 g Zartbitter-Schokolade, geraspelt
120 g Weißmehl/Mehltype 405
1 TL phosphatfreies Backpulver
3 Eiweiß

1 Backofen auf 180 °C vorheizen. Muffinförmchen einölen.
2 Eigelbe, Zucker, Olivenöl und Salz verrühren, geriebene und gehackte Nüsse sowie Schokolade unterrühren. Mehl und Backpulver vermengen. Eiweiß steif schlagen. Mehl und Eischnee in kleinen Portionen abwechselnd unter die Nuss-Schoko-Masse ziehen. Teig auf die Förmchen verteilen.
3 Schokoladen-Muffins in der Mitte in den Backofen schieben, bei 180 °C rund 25 Minuten backen.
Tipp Für einen Cake Teig in eine Form von 25 bis 28 cm Länge füllen, auf der untersten Schiene in den Backofen schieben und bei 180 °C 50 Minuten backen.

Rum-Muffins

für 12 Stück

100 g Zitronat- und Orangeatwürfelchen
50 g Rosinen
4 EL Rum
40 g Olivenöl nativ extra
180 g Zucker
2 Freilandeier
1 unbehandelte Zitrone, abgeriebene Schale
200 g Vollkornmehl
1 Prise Salz
1 TL phosphatfreies Backpulver

1 Zitronat- und Orangeatwürfelchen sowie Rosinen 5 Minuten im Rum einweichen.
2 Backofen auf 180 °C vorheizen. Muffinförmchen einölen.
3 Olivenöl, Zucker und Eier gut verquirlen, Zitronenschalen und Zitronat-/Orangeatmischung unterrühren. Mehl, Salz und Backpulver mischen, portionsweise unter die Eiermasse rühren. In die Förmchen füllen.
4 Die Muffinförmchen auf der untersten Schiene in den Ofen schieben, bei 180 °C 25 bis 35 Minuten backen.
Variante Teig in eine Cakeform von etwa 30 cm Länge füllen. Cake bei 180 °C 50 Minuten backen.

Honig-Muffins mit Pinienkernen

für 12 Stück

30 g Olivenöl nativ extra
140 g Zucker
2 Freilandeier
½ dl/50 ml Champagner
1 unbehandelte Orange, abgeriebene Schale
3 g Kardamom, zerstoßen
100 g Honig
280 g Vollkornmehl
1 Prise Salz
1 TL phosphatfreies Backpulver
50 g Pinienkerne

1 Backofen auf 180 °C vorheizen. Muffinförmchen einölen.
2 Olivenöl, Zucker, Eier und Champagner verrühren, Orangenschalen und Kardamom unterrühren. Honig erwärmen und unterrühren. Mehl, Salz, Backpulver und Pinienkernen mischen, portionsweise unter die Eiermasse rühren. In die Förmchen füllen.
3 Muffins auf der untersten Schiene in den Backofen schieben, bei 180 °C 30 Minuten backen.

Scones

250 g Ruchmehl/Mehltype 1050
250 g Vollkornmehl
1½ TL phosphatfreies Backpulver
1 Prise Salz
100 g Zucker
40 g Olivenöl nativ extra
2½ dl/250 ml Rahm/Sahne
¾ dl/75 ml Milch

Eigelb zum Bepinseln

1 Mehle, Backpulver, Salz und Zucker mischen, Olivenöl, Rahm und Milch verquirlen, nach und nach unter die Mehlmischung rühren, zu einem Teig zusammenfügen.
2 Backofen auf 180 °C vorheizen. Backblech einölen.
3 Teig auf bemehlter Arbeitsfläche etwa 2 cm dick ausrollen, Rondellen von 5 cm Durchmesser ausstechen. Die Teigreste aufeinanderlegen, ausrollen und wieder ausstechen. Rondellen auf das Blech legen, mit Eigelb bepinseln.
4 Scones in der Mitte in den Backofen schieben, bei 180 °C 25 Minuten backen.

Süße Fruchtkugeln

für 18 Kugeln

450 g Weißmehl/Mehltype 405
40–60 g Zucker
½ Hefewürfel
1 Freilandei
ca. ½ dl/50 ml Milch
20 g Olivenöl nativ extra
9 Zwetschgen oder Aprikosen

Olivenöl zum Frittieren

1 Mehl, Zucker und zerbröckelte Hefe mischen. Ei verrühren, zusammen mit der lauwarmen Milch zur Mehlmischung geben, einen glatten Teig kneten. Olivenöl tropfenweise zufügen und immer wieder einkneten. Die Teigschüssel mit einem feuchten Tuch zudecken, Hefeteig auf das doppelte Volumen aufgehen lassen.
2 Den Hefeteig nochmals durchkneten, in Portionen von 30 bis 40 g teilen. Teigstücke flach drücken und groß genug auseinander ziehen, damit eine halbe Frucht eingepackt werden kann. Früchte halbieren, Stein entfernen, Fruchthälften in den Teig einpacken und Kugeln formen. Kugeln auf ein Küchentuch legen, nochmals 30 Minuten gehen lassen.
3 Olivenöl in einer Fritteuse oder in einem Brattopf auf 180 °C erhitzen. Das Öl hat die richtige Temperatur, wenn kleine Blasen aufsteigen. Nun die Temperatur auf mittlere Stufe zurückschalten. Teigkugeln mit dem Schöpflöffel portionsweise in das heiße Olivenöl geben und hellbraun frittieren.
4 Die Fruchtkugeln auf Küchenpapier abtropfen lassen. Mit Puderzucker bestäuben.

Honigplätzchen

für ein Backblech von 30 cm x 28 cm

2 EL Olivenöl nativ extra
3 EL Birnendicksaft
70 g Orangeat- und Zitronatwürfelchen
2 TL Zimtpulver
1 Msp Ingwerpulver
1 Msp Korianderpulver
3 EL flüssiger Honig
6 EL warmes Wasser
200 g Vollkornmehl
110 g geriebene Haselnüsse

1 Backofen auf 180 °C vorheizen. Backblech einölen.
2 Olivenöl, Birnendicksaft, Orangeat- und Zitronatwürfelchen und Gewürze mischen. Honig und Wasser unterrühren. Mehl und Haselnüsse portionsweise zugeben, mit dem Teigspachtel in der Schüssel immer wieder ausstreichen, bis das Mehl mit der Masse gut vermischt ist. Den Teig auf dem Backblech ausstreichen.
3 Backblech auf der untersten Schiene in den Backofen schieben, bei 180 °C 18 Minuten backen. Noch warm in 5 cm große Quadrate schneiden.

Aprikosenschiffchen

40 g Olivenöl nativ extra
90 g Zucker
2 Freilandeier
60 g gehackte Haselnüsse
50 g getrocknete Aprikosen, fein geschnitten
50 g Kokosnussflocken
1 Briefchen Vanillezucker
230 g Weißmehl/Mehltype 405
50 g Maismehl
½ TL phosphatfreies Backpulver

1 Olivenöl, Zucker und Eier verrühren, Haselnüsse, Aprikosen, Kokosnussflocken und Vanillezucker unterrühren. Die beiden Mehle mit dem Backpulver mischen, portionsweise unter die Eiermasse arbeiten.
2 Backofen auf 200 °C vorheizen. Backblech einölen.
3 Teig mit einem Teelöffel portionieren, mit einem zweiten Teelöffel Schiffchen formen, auf das Blech setzen.
4 Aprikosenschiffchen in der Mitte in den Backofen schieben, bei 200 °C 18 Minuten backen.

Kuchen Pasteten Pizzas

Spargelkuchen

für ein Kuchenblech von 39 cm x 35 cm
für 4 bis 5 Personen als Mahlzeit

Pizzateig

500 g Weißmehl/Mehltype 405
½ Hefewürfel
1 TL Salz
30 g Olivenöl nativ extra
2½ dl/250 ml lauwarmes Wasser

Füllung

1 kg grüner Spargel
1 EL Olivenöl nativ extra
1 Bund Petersilie, Blättchen abgezupft und grob geschnitten
4 EL geriebener Parmesan
100 g Rucola
400 g Mozzarella, in 3 mm dicken Scheiben
frisch gemahlener Pfeffer
2 Freilandeier
1 Prise Salz

1 Mehl in eine Schüssel geben und eine Vertiefung formen. Hefe mit wenig lauwarmem Wasser in die Vertiefung geben, 2 EL Mehl unterrühren. Vorteig etwa 15 Minuten gehen lassen. Das Salz über den Mehlkranz streuen, Olivenöl und restliches Wasser zugeben, zu einem weichen Teig kneten. Schüssel mit einem feuchten Tuch bedecken, den Teig auf das doppelte Volumen aufgehen lassen.
2 Untere Hälfte des Grünspargels schälen, Schnittstelle abschneiden, Stangen in etwa 3 cm lange Stücke schneiden. Im Dampf 5 bis 7 Minuten garen, erkalten lassen.
3 Backofen auf 180 bis 200 °C vorheizen. Blech einölen.
4 Den Teig auf Formgröße ausrollen, in die Form legen. Den Teigboden mit Olivenöl bepinseln und mit einer Gabel einige Male einstechen. Petersilie und Parmesan auf den Teigboden streuen. Spargelstücke, die Hälfte des Rucola und den Mozzarella darauf legen, mit Pfeffer würzen.
5 Die Form in der Mitte in den Backofen schieben, Spargelkuchen bei 180 bis 200 °C 20 Minuten backen.
6 Eier mit der Prise Salz verquirlen und über den Spargelkuchen verteilen. Weitere 15 bis 20 Minuten backen. Restlichen Rucola darüber streuen.

Gemüse-Geflügel-Pastete

für 4 bis 6 Personen als Mahlzeit
für ein großes rechteckiges Blech

Quarkteig
300 g Weißmehl/Mehltype 405
1 TL Salz
60 g Olivenöl nativ extra
200 g Rahm-/Sahnequark

Füllung
1 Poulet/Hähnchen, 1,2 kg
1–2 junge Rosmarinzweige
3 EL Olivenöl nativ extra
1 mittelgroße Zwiebel, fein gehackt
400 g Champignons, in Scheiben
400 g Auberginen, gewürfelt
4–5 Knoblauchzehen, durchgepresst
1 Bund Petersilie, fein gehackt
½–1 TL Salz
1 TL Paprikapulver
frisch gemahlener schwarzer Pfeffer
2 dl/200 ml Rotwein
2–3 mittelgroße Tomaten, gewürfelt

1 Freilandei zum Bestreichen

1 Für den Teig Mehl und Salz mischen, Olivenöl und Quark beifügen, zu einem weichen Teig kneten. Auch wenn der Teig am Anfang etwas trocken ist, nicht zusätzliche Flüssigkeit zufügen. Den Quarkteig in Klarsichtfolie einwickeln, im Kühlschrank 2 Stunden ruhen lassen. Ausgetretenes Öl vor der Weiterverarbeitung wieder einkneten.
2 Rosmarinzweige in den Pouletbauch legen. Poulet in einem großen Kochtopf mit Wasser bedecken, aufkochen, bei schwacher Hitze 30 Minuten kochen. Wer über einen genügend großen Dampfkochtopf verfügt, kann das Poulet auf dem 2. Ring 15 Minuten garen, das Ventil sinken lassen, Deckel öffnen. Poulet abkühlen lassen. Rosmarinzweige entfernen. Haut abziehen (wird nicht verwendet), das Fleisch von den Knochen lösen und zerpflücken.
3 Zwiebeln im Olivenöl andünsten. Champignons, Auberginen, Knoblauch und Petersilie zufügen und mitdünsten, mit Salz, Paprika und Pfeffer würzen. Rotwein angießen, das Gemüse bei schwacher Hitze 30 bis 40 Minuten köcheln lassen. Zum Abtropfen (Flüssigkeit auffangen, für eine Suppe verwenden) und Abkühlen in ein Sieb geben.
4 Gemüse und Pouletfleisch mischen, eventuell mit Salz nachwürzen.
5 Backofen auf 180 °C vorheizen. Ein großes Blech einölen.
6 Quarkteig zu einem Rechteck von 58 cm x 34 cm ausrollen, Ränder mit dem Teigrädchen gerade schneiden (Reste für die Garnitur zusammenkneten), Teigblatt in zwei gleich große Vierecke schneiden. Ein Teigblatt auf das Blech legen, die Füllung darauf verteilen, die Tomatenwürfelchen darüber streuen. Ränder mit dem leicht verquirlten Eiweiß bestreichen. Mit zweitem Teigblatt zudecken, Teigrand darüber legen, mit einer Gabel rundum gut andrücken. Restlichen Teig ausrollen, für die Garnitur beliebige Formen ausstechen, mit wenig Eiweiß auf die Pastete kleben. Mit Eigelb bestreichen.
7 Gemüse-Geflügel-Pastete in der Mitte in den Backofen schieben, bei 180 °C etwa 1 Stunde backen.

Spanakopitta
gedeckter Spinatkuchen griechische Art

für 4 bis 6 Personen als Mahlzeit
für ein Kuchenblech von 28 bis 30 cm Durchmesser

1 Portion Quarkteig, Seite 52

Füllung
1 kg Blattspinat
1 mittelgroße Zwiebel, fein gehackt
3–4 Knoblauchzehen, fein gehackt
150 g Philadelphia (Sahnefrischkäse)
1 Freilandei
3 EL Olivenöl nativ extra
1 Bund Dill, fein gehackt
2 Prisen Salz
200 g Feta, klein gewürfelt
1 EL Olivenöl nativ extra zum Bestreichen

1 Spinat im Dampf zusammenfallen lassen, in einem Sieb abkühlen lassen, gut ausdrücken und grob schneiden.
2 Spinat, Zwiebeln, Knoblauch, Frischrahmkäse, Ei und Olivenöl vermengen, Dill unterrühren. Würzen. Feta zugeben und vermengen.
3 Backofen auf 180 °C vorheizen. Form einölen.
4 Den Quarkteig in 2 Portionen teilen, für den Boden etwa 350 g, Rest für den Deckel verwenden.
Für den Boden eine Rondelle von etwa 32 cm Durchmesser ausrollen, in die Form legen, den Rand etwas andrücken, den Boden mit einer Gabel einige Male einstechen, mit Öl bepinseln. Spinatfüllung darauf verteilen. Für den Deckel den restlichen Teig ausrollen, auf die Füllung legen, Rand darüber legen, gut andrücken. Den Deckel in regelmäßigen Abständen mit einem scharfen Messer einschneiden, so wie später der Kuchen portioniert wird.
5 Spanakopitta auf der untersten Schiene in den Backofen schieben, bei 180 °C 50 bis 60 Minuten backen.

Tomaten- Auberginen-Pastete

für eine Cake-/Kastenform von 32 cm Länge
für 4 Personen als Mahlzeit

Teig

150 g Ruch-/Schwarzmehl/Mehltype 1050
150 g Weißmehl/Mehltype 405
1 Prise Salz
1 dl/100 ml Weißwein
60 g Olivenöl nativ extra

Füllung

4 EL Olivenöl nativ extra
1 mittelgroße Zwiebel
300 g Auberginen
650 g Tomaten
1 Zitrone, Saft
1 TL Tomatenmark
2 Knoblauchzehen, grob gehackt
1 Rosmarinzweiglein, Nadeln abgestreift
frisch gemahlener Pfeffer
½ TL Salz
180 g Feta
70 g getrocknete Tomaten, in feinen Streifen

2 EL Olivenöl nativ extra zum Bepinseln

1 Für die Füllung Zwiebeln in feine Streifen schneiden. Die Auberginen beidseitig kappen, in kleine Würfel schneiden. Den Stielansatz der Tomaten kreisförmig herausschneiden, Gemüsefrüchte klein würfeln.
2 Zwiebeln in 2 EL Olivenöl andünsten, Auberginen, Tomaten, Zitronensaft, Tomatenmark, Knoblauch und Rosmarinnadeln zugeben, mit Pfeffer würzen, bei schwacher Hitze zugedeckt 20 Minuten köcheln. In einem Sieb abtropfen lassen, den Saft auffangen (für eine Suppe verwenden).
3 Für den Teig Mehle und Salz mischen, Weißwein und Olivenöl zugeben, zu einem Teig zusammenfügen. Teig zu einem Rechteck von 28 cm x 32 cm ausrollen. Teig in die eingeölte Cakeform legen. Für die Schmalseiten Teig mit den Fingerkuppen aus den Ecken 4 cm hochziehen. Den Teigboden mit 1 EL Olivenöl bepinseln.
4 Backofen auf 180 °C vorheizen.
5 Feta fein zerbröckeln und auf dem Teigboden verteilen. Getrocknete Tomatenstreifen mit lauwarmer Füllung mischen, in die Form füllen. Überlappenden Teig über die Füllung legen, Teig mit einer Gabel mehrmals einstechen, mit 1 EL Olivenöl bepinseln.
6 Pastete auf der untersten Schiene in den Backofen schieben, bei 180 °C etwa 50 Minuten backen.

Vacherinpastete
mit Spinat und Blumenkohl

für eine Cake-/Kastenform von 32 cm Länge
für 4 Personen

Teig

110 g Ruch-/Schwarzmehl/Mehltype 1050
110 g Weißmehl/Mehltype 405
2 Prisen Salz
50 g Olivenöl nativ extra
1 dl/100 ml Wasser

Füllung

400 g Blumenkohlröschen
400 g Blattspinat
1 Freilandei
100 g Magerquark
20 g Olivenöl nativ extra
½ TL Salz
1 Knoblauchzehe
90 g Vacherin, fein gerieben
80 g Emmentaler, fein gerieben
frisch gemahlener grüner Pfeffer

60 g Emmentaler, fein gerieben, zum Bestreuen

1 Blumenkohlröschen im Dampf 8 Minuten garen. Spinat bei starker Hitze zusammenfallen lassen, in ein Sieb geben, ausdrücken und erkalten lassen.
2 Für den Teig Mehle mit dem Salz mischen, Olivenöl und Wasser zugeben, zusammenfügen, zu einem weichen Teig kneten.
3 Ei, Quark, Olivenöl und Salz gut verrühren, Knoblauchzehe dazupressen.
4 Etwa 50 g Teig für die Schmalseiten abschneiden. Restlichen Teig zu einem Rechteck von 32 cm x 30 cm ausrollen. Einen 2 cm breiten und 32 cm langen Streifen abschneiden. Teig in die eingeölte Form legen. Den Boden mit einer Gabel mehrmals einstechen. Die 50 g Teig in 2 Portionen teilen, davon die Schmalseiten formen, in der Form gut andrücken.
5 Backofen auf 180 °C vorheizen.
6 Spinat in die Form verteilen. Vacherin und Emmentaler mischen, die Hälfte davon unter die Quarkmasse rühren. Restlichen Käse über den Spinat verteilen. Blumenkohlröschen in feine Scheiben schneiden, mit der Quarkmasse vermengen, über dem Spinat verteilen. Mit grünem Pfeffer würzen. Den Teigstreifen in der Mitte über die ganze Länge legen und am Rand etwas andrücken, Emmentaler rechts und links davon verteilen.
7 Vacherinpastete auf der untersten Schiene in den Backofen schieben, bei 180 °C 50 bis 60 Minuten backen.

Champignons-Zwiebel-Kuchen

für ein Kuchenblech von ca. 30 cm Durchmesser
für 3 bis 4 Personen

Hefeteig
250 g Weißmehl/Mehltype 405
½ Hefewürfel
1 TL Kreuzkümmelpulver
1 TL Meersalz
30 g Olivenöl nativ extra
1¼ dl/125 ml lauwarmes Wasser

Füllung
4 EL Olivenöl nativ extra
500 g Champignons
500 g Zwiebeln
1 TL Paprikapulver
1 Hand voll Fenchelkraut, grob geschnitten
½ Bund Petersilie, Blättchen von den Stielen gezupft und fein geschnitten

Guss
3 Freilandeier
2½ dl/250 ml Milch

1 Für den Teig Mehl in eine Schüssel geben, eine Vertiefung formen. Hefe und wenig lauwarmes Wasser in die Vertiefung geben, etwa 2 EL Mehl vom Rand unterrühren, Vorteig 15 Minuten gehen lassen. Kreuzkümmel und Salz über das Mehl streuen. Olivenöl und restliches Wasser zugeben, einen geschmeidigen Teig kneten. Teigschüssel mit einem feuchten Tuch bedecken, Teig auf das doppelte Volumen aufgehen lassen.
2 Pilze in feine Scheiben schneiden, in 3 EL Olivenöl 10 Minuten dünsten, Flüssigkeit abgießen. Zwiebeln in feine Streifen schneiden, in 1 EL Olivenöl dünsten, Paprikapulver, Fenchelkraut und Petersilie unterrühren.
3 Backofen auf 180 °C vorheizen.
4 Für den Guss die Eier verquirlen, Milch unterrühren.
5 Hefeteig auf Formgröße ausrollen, in die Form legen. Zuerst Pilze, dann Zwiebeln in die Form geben, den Guss darüber gießen.
6 Die Form in der Mitte in den Backofen schieben, den Champignons-Zwiebel-Kuchen bei 180 °C etwa 50 Minuten backen.

Tomatenkuchen

für ein Kuchenblech von 38 cm x 35 cm
für 4 Personen als Mahlzeit

Blätterteig
60 g Olivenöl nativ extra
200 g Ruch-/Schwarzmehl/Mehltype 1050
200 g Weißmehl/Mehltype 405
200 g Quark
1 TL Salz
3–4 EL Wasser

Füllung
80 g dunkle Olivenpaste
400 g Mascarpone
2 Freilandeier
1 EL Olivenöl nativ extra
½ TL Salz
2 Bund Basilikum, Blättchen abgezupft und in Streifen geschnitten
1,2 kg feste Tomaten

1 Blätterteig herstellen: Seite 63.
2 Backofen auf 180 °C vorheizen.
3 Den Blätterteig ausrollen, in das eingeölte Blech legen, den Boden mit einer Gabel ein paar Mal einstechen. Die Olivenpaste auf dem Teigboden verstreichen. Mascarpone, Eier, Olivenöl und Salz verrühren, ⅓ der Basilikumstreifen untermischen auf dem Teigboden verteilen. Stielansatz bei den Tomaten kreisförmig herausschneiden, Die Gemüsefrüchte in 5 mm dicke Scheiben schneiden, in die Form legen.
4 Den Tomatenkuchen in der Mitte in den Backofen schieben, bei 180 °C etwa 50 Minuten backen. Vor dem Servieren restliche Basilikumstreifen über den lauwarmen Kuchen verteilen.
Tipp Schmeckt lauwarm am besten!

Lauchkuchen «Eleni»

für ein rechteckiges Kuchenblech von 30 cm x 33 cm
für 6 Personen als Mahlzeit

1 Portion Quarkteig, Seite 52

Füllung
1,2 kg Lauch
4 dl/400 ml Rahm/Sahne
50 g Olivenöl nativ extra
400 g geriebener Käse, halb Gruyère/halb Emmentaler
1 Bund Petersilie, fein gehackt
1 Msp Ingwerpulver
1 Prise Salz
frisch gemahlener Pfeffer
2 Freilandeier

1 Grobfasrige Teile beim Lauch entfernen, die Stangen längs halbieren, in 1 cm breite Streifen schneiden, im Dampf knackig garen, in einem Sieb abtropfen lassen.
2 Backofen auf 180 °C vorheizen. Form einölen.
3 Quarkteig auf Formgröße ausrollen und in die Form legen, den Rand andrücken.
4 Rahm und Olivenöl verrühren, Käse auf der Röstiraffel dazureiben, Petersilie unterrühren. Lauch zufügen, würzen. Füllung auf den Teigboden verteilen. Verquirlte Eier gleichmäßig darüber gießen.
5 Den Lauchkuchen auf der untersten Schiene in den Backofen schieben, bei 180 °C 50 bis 60 Minuten backen.

Lachsquiche

für ein Kuchenblech von 32 cm x 30 cm
für 4 Personen als Mahlzeit

Teig

250 g Weißmehl/Mehltype 405
½ Hefewürfel
½ TL Salz
30 g Olivenöl nativ extra
1¼ dl/125 ml Wasser

Füllung

150 g Mascarpone
30 g Olivenöl nativ extra
2 Freilandeier
1,6 dl/160 ml Rahm/Sahne
½ TL Paprikapulver
frisch gemahlener schwarzer Pfeffer
1 kleine Zwiebel, gehackt
2 Knoblauchzehen, durchgepresst
40 g Dill, fein geschnitten
400 g Lachs, fein geschnitten

1 Für den Hefeteig das Mehl in eine Schüssel geben und eine Vertiefung formen. Die Hefe und wenig lauwarmes Wasser in die Vertiefung geben, 2 bis 3 EL Mehl unterrühren, Vorteig 15 Minuten gehen lassen. Salz über den Mehlring streuen. Olivenöl und restlches Wasser zugeben, zu einem geschmeidigen Teig kneten. Schüssel mit einem feuchten Tuch zudecken, Hefeteig auf das doppelte Volumen aufgehen lassen.
2 Backofen auf 180 °C vorheizen. Form einölen.
3 Mascarpone, Olivenöl, Eier und Rahm verquirlen, würzen. Zwiebeln, Knoblauch, Dill und Lachs unterrühren.
4 Hefeteig auf Formgröße ausrollen und in die Form legen, Füllung darauf verteilen.
5 Die Lachsquiche in der Mitte in den Ofen schieben, bei 180 °C 40 Minuten backen.

Gedeckter Fischkuchen

für 4 Personen als Mahlzeit

Teig

150 g Weißmehl/Mehltype 405
150 g Halbweißmehl/Mehltype 1050
120 g Ricotta
¾ dl/75 ml Weißwein
40 g Olivenöl nativ extra
1 unbehandelte Zitrone, abgeriebene Schale
½–1 TL Salz

Füllung

600 g Zander- oder Barschfilets, gewürfelt
1 EL Olivenöl nativ extra
½ Zitrone, Saft
1 Zweiglein Dill, fein geschnitten
frisch gemahlener Pfeffer
1 Msp geriebene Muskatnuss
500 g Blattspinat, entstielt, in Streifen
3 mittelgroße Karotten
1 mittelgroße Zwiebel

wenig Eiweiß zum Bepinseln
1 Eigelb oder
1 EL Olivenöl nativ extra zum Bepinseln

Sauce

5 EL Olivenöl nativ extra
1 Zitrone, Saft
1 Knoblauchzehe

1 Olivenöl und Zitronensaft verrühren, würzen mit Dill, Pfeffer und Muskatnuss, Zanderwürfel zugeben, vermengen, 1 Stunde zugedeckt marinieren.
2 Spinat im Dampf zusammenfallen lassen, in ein Sieb abgießen, erkalten lassen. Karotten schälen, mit dem Sparschäler Streifen abziehen. Zwiebel fein hacken.
3 Für den Teig Mehl in Schüssel geben und eine Vertiefung formen. Ricotta, Weißwein, Olivenöl, Zitronenschalen und Salz verrühren, in die Vertiefung geben, alles zu einem Teig zusammenfügen.
4 Backofen auf 180 °C vorheizen.
5 Den Teig zu einem Rechteck von 34 cm x 43 cm ausrollen. Teigreste für die Garnitur beiseite legen. Teigblatt auf ein geöltes Blech legen, die Hälfte Spinat auf eine Teighälfte verteilen, mit Karottenstreifen und gehackten Zwiebeln bestreuen, die Fischwürfel darauf legen, restlichen Spinat darüber verteilen. Ränder mit verquirltem Eiweiß bepinseln, Teig darüber legen, Rand gerade schneiden. Die Teigreste zu 3 Rollen von ca. 30 cm Länge formen, ein Zöpfchen flechten, mit etwas Eiweiß auf den Deckel kleben, beides mit Eigelb bepinseln und mit einer Gabel mehrmals einstechen.
6 Fischkuchen in der Mitte in den Backofen schieben, bei 180 °C 40 bis 45 Minuten backen.

Truthahnbrust im Blätterteig

für ein rundes Kuchenblech von 30 cm Durchmesser
für 4 Personen als Mahlzeit

Blätterteig
340 g Weißmehl/Mehltype 405
1 TL Salz
200 g Vollmilchquark
40 g Olivenöl nativ extra
½ dl/50 ml Wasser

Füllung
400 g Truthahn-/Putenbrust, in feinen Streifen
2 EL Dijonsenf
4 EL Olivenöl nativ extra
1 TL Tandoori-Gewürz oder
je 1 Msp Paprika-, Chili-, Ingwer-, Zimt- und Kurkumapulver und zerstoßene Fenchelsamen
250 g Ricotta
3 EL geriebener Parmesan
100 g Pinienkerne, grob gehackt
1 Bund Schnittlauch, grob geschnitten
1 Bund Petersilie, Blättchen abgezupft und gehackt
20 g Koriander, fein geschnitten
3 Knoblauchzehen, durchgepresst
2 Prisen Salz
frisch gemahlener Pfeffer
1 Eigelb oder
1 EL Olivenöl nativ extra zum Bepinseln

1 Truthahnscheiben mit Senf, Olivenöl und Tandoori würzen, zugedeckt 1 Stunde marinieren.
2 Für den Teig Mehl und Salz mischen. Quark, Olivenöl und Wasser glattrühren, zum Mehl geben, zu einem Teig zusammenfügen. Teig rechteckig ausrollen, etwa 20 cm x 30 cm, ⅓ der Schmalseite nach innen legen und das andere Drittel darüber legen. Nun besteht der Teig aus 3 Schichten. Teig 15 Minuten kühl stellen. Teig so auf die Arbeitsfläche legen, dass die beiden Öffnungen seitlich liegen, auf ursprüngliche Größe ausrollen. Diesen Vorgang noch dreimal wiederholen.
3 Ricotta, Parmesan, Pinienkerne, Schnittlauch, Petersilie und Koriander mischen, mit Knoblauch, Salz und Pfeffer würzen.
4 Backofen auf 180 °C vorheizen.
5 Teig halbieren, eine Hälfte zu einer Rondelle von 34 cm Durchmesser ausrollen, in das geölte Blech legen, Rand etwas andrücken, Boden mit einer Gabel ein paar Mal einstechen. Zweite Teighälfte zu einer Rondelle von 36 cm Durchmesser ausrollen.
6 Ricotta und Fleisch vermengen, auf den Teigboden verteilen. Teigdeckel darauflegen, überstehenden Teig gegen innen einrollen, sanft andrücken. Deckel mit einer Gabel mehrmals einstechen, mit Eigelb oder Olivenöl bepinseln. Teigreste ausrollen und Blattformen ausschneiden, mit einem Messer einritzen, auf den Deckel legen und ebenfalls mit Eigelb bepinseln.
7 Die Pastete auf der zweituntersten Schiene in den Backofen schieben, bei 180 °C etwa 45 Minuten backen.

Rolfs Herbstpastete

für eine runde Form von 24 cm Durchmesser
für 4 bis 6 Personen als Mahlzeit

Teig
150 g Kastanienmehl
300 g Weißmehl/Mehltype 405
1 TL Salz
60 g Olivenöl nativ extra
2–2½ dl/200–250 ml Wasser

Füllung
500 g Rotkabis/-kohl
1 TL Salz
2½ dl/250 ml Rotwein
200 g tiefgekühlte Kastanien
400 g Entenbrust, 3 cm groß gewürfelt
1 Zwiebel, grob gehackt
3 EL Olivenöl nativ extra
2 Msp Nelkenpulver
frisch gemahlener Pfeffer
1 unbehandelte Orange, abgeriebene Schale
1 EL Maisstärke
½ dl/50 ml Rahm/Sahne
5 Birnen

Sauce
4 EL Zucker
2½ dl/250 ml Orangensaft
1 EL Maisstärke
frisch gemahlener schwarzer Pfeffer

1 Rotkabis halbieren, Strunk herausschneiden, Hälften in feine Streifen schneiden, mit wenig Salz in 2 dl/200 ml Rotwein zugedeckt knackig garen, in ein Sieb abgießen, erkalten lassen.
2 Tiefgekühlte Kastanien über Dampf 10 Minuten garen, abkühlen lassen.
3 Fleisch und Zwiebeln im Olivenöl anbraten, mit restlichem Rotwein ablöschen, mit Nelkenpulver und Pfeffer würzen, erkalten lassen. Sauce abgießen und auffangen.
4 Kastanien, Rotkraut, Fleisch und Orangenschalen mischen. Maisstärke, Rahm und aufgefangene Fleischsauce (½ dl) glattrühren, zur Füllung geben.
5 Für den Teig Mehle mit dem Salz in einer Schüssel mischen, Olivenöl und Wasser zugeben, zu einem weichen Teig zusammenfügen.
6 Backofen auf 180 °C vorheizen.
7 Den Teig in drei gleich große Portionen teilen. Zwei Portionen, eine für den Boden und eine für den Deckel, auf Formgröße ausrollen. Boden in die geölte Form legen, mit einer Gabel mehrmals einstechen. Aus dem restlichen Teig eine Rolle drehen, diese an den Rand legen, mit den Fingerkuppen den Teig auf 6 cm Randhöhe ziehen. Füllung auf den Boden verteilen. Birnen schälen, vierteln und entkernen, kreisförmig in die Form legen. Den Teigdeckel auf die Birnen legen, Rand darüber legen und mit einer Gabel andrücken. Teigdeckel mit einer Gabel ein paar Mal einstechen.
8 Pastete auf der zweituntersten Schiene in den Backofen schieben, bei 180 °C 50 Minuten backen.
9 Für die Sauce den Zucker in einer Pfanne hellbraun karamellisieren, mit der Hälfte des Orangensaftes ablöschen, Karamell auflösen. Maisstärke mit restlichem Orangensaft glattrühren, zum Karamell geben, köcheln, bis die Sauce die richtige Konsistenz hat, mit Pfeffer abschmecken, warm servieren.

Tiropitta
Käsekuchen griechische Art

für ein Kuchenblech von 30 cm x 33 cm
für 6 Personen als Mahlzeit

Teig
400 g Weißmehl/Mehltype 405
1 TL Salz
40 g Olivenöl nativ extra
1 EL Essig
1,8–2 dl/180–200 ml Wasser

Füllung
3 Freilandeier
1 dl/100 ml Rahm/Sahne
40 g Olivenöl nativ extra
500 g Feta, zerbröckelt
2 Bund Petersilie, fein gehackt
1 Msp Muskatnuss
frisch gemahlener schwarzer Pfeffer

1 Eigelb zum Bestreichen

1 Für den Teig Mehl und Salz in einer Schüssel mischen, Öl und Essig unterrühren, so viel Wasser zufügen, dass ein formbarer Teig entsteht. Teig in Klarsichtfolie einwickeln und 1 bis 2 Stunden kühl stellen.
2 Eier, Rahm und Olivenöl verrühren, Feta dazugeben, Petersilie unterrühren, würzen.
3 Backofen auf 180 °C vorheizen. Das Kuchenblech einölen.
4 Etwa ⅔ des Teigs für den Boden ausrollen und in die Form legen, etwa 3 cm hochziehen, mit einer Gabel ein paar Mal einstechen. Füllung darauf verteilen. Den restlichen Teig ausrollen, auf die Füllung legen. Teigränder leicht über den Deckel legen, mit einer Gabel ringsum andrücken, Deckel mit einer Gabel ein paar Mal einstechen.
5 Tiropitta in der Mitte in den Backofen schieben, bei 180 °C rund 50 Minuten backen.
Variante 200 g Feta, zerbröckelt und 300 g geriebenen Käse, halb Gruyère/halb Emmentaler (anstatt 500 g Feta).

Zucchinipizza

für ein großes rechteckiges Backblech
für 2 bis 3 Personen als Mahlzeit
für 6 Personen als Vorspeise

Pizzateig

250 g Weißmehl/Mehltype 405
½ Hefewürfel
1 TL Salz
30 g Olivenöl nativ extra
1¼ dl/125 ml lauwarmes Wasser

Belag

100 g Feta
100 g Mascarpone
100 g Doppelrahmfrischkäse (Philadelphia)
20 g Olivenöl nativ extra
2 Frühlingszwiebeln, fein geschnitten
1 Knoblauchzehe, durchgepresst
½ TL Salz
frisch gemahlener Pfeffer
500 g Zucchini

1 Für den Pizzateig das Mehl in eine Schüssel geben und eine Vertiefung formen, Hefe mit ein wenig lauwarmem Wasser in die Vertiefung geben, 2 EL Mehl unterrühren, Vorteig 15 Minuten gehen lassen. Salz über den Mehlring streuen. Restliches Wasser mit dem Olivenöl zugeben, alle Zutaten zusammenfügen, Teig auf der Arbeitsfläche gut kneten. Schüssel mit einem feuchten Tuch bedecken, den Pizzateig auf das doppelte Volumen aufgehen lassen.
2 Feta zerbröckeln, mit Mascarpone und Frischkäse vermengen. Olivenöl, Frühlingszwiebeln und Knoblauch unterrühren, mit Salz und Pfeffer würzen.
3 Backofen auf 180 °C vorheizen.
4 Teig ausrollen, in die geölte Form legen. Füllung auf dem Teigboden verteilen. Zucchini beidseitig kappen, in 3 bis 4 mm dicke Scheiben schneiden, auf den Belag legen.
5 Pizza in der Mitte in den Ofen schieben, bei 180 °C 30 Minuten backen.

Auberginenpizza mit Oregano

für ein großes rundes Blech
für 2 Personen als Mahlzeit
für 4 Personen als Vorspeise

Pizzateig

250 g Weißmehl/Mehltype 405
1 TL Salz
1¼ dl/125 ml lauwarmes Wasser
½ Hefewürfel
30 g Olivenöl nativ extra
1 EL getrockneter Oregano

Belag

1 TL Olivenöl nativ extra
8 Scheiben Rohschinken
250 g Auberginen
1 EL Olivenöl nativ extra
2 EL Kapern, abgetropft
250 g Mozzarella, gehackt
frisch gemahlener Pfeffer

1 Mehl und Salz mischen. Hefe im lauwarmen Wasser auflösen, mit Olivenöl und Oregano zum Mehl geben, zu einem weichen Teig kneten. Bei Zimmertemperatur 1 Stunde gehen lassen.
2 Backofen auf 180 °C vorheizen.
3 Pizzateig nochmals durchkneten, dann auf leicht bemehlter Arbeitsfläche auf Blechgröße ausrollen oder von Hand vorsichtig ausziehen, auf den Blechrücken legen. Teig mit Olivenöl bestreichen. Rohschinken darauf verteilen. Die Auberginen beidseitig kappen, in 4 mm dicke Scheiben schneiden, auf den Rohschinken legen, mit Olivenöl bepinseln. Kapern und Mozzarella darüber verteilen. Würzen.
4 Auberginenpizza in der unteren Hälfte in den Ofen schieben, bei 180 °C 30 bis 40 Minuten backen.

Pizza mit Spinat und Champignons

für ein großes rechteckiges Backblech
für 3 bis 4 Personen als Mahlzeit

Pizzateig
250 g feines Vollkornmehl
½ Hefewürfel
½ TL Meersalz
40 g Olivenöl nativ extra
1½ dl/150 ml lauwarmes Wasser

Belag
350 g Blattspinat
3 EL Olivenöl nativ extra
300 g Champignons
3 Frühlingszwiebeln
200 g Speckscheiben
2 mittelgroße feste Tomaten
300 g Mozzarella, in feinen Scheiben
ein wenig Chilipulver

1 Mehl in eine Schüssel geben und eine Vertiefung formen, Hefe mit ein wenig lauwarmem Wasser in die Vertiefung geben, 2 EL Mehl unterrühren, Vorteig 15 Minuten gehen lassen. Das Salz über den Mehlring streuen. Restliches Wasser und Olivenöl zum Vorteig geben, zusammenfügen, Teig auf der Arbeitsfläche gut kneten. Die Schüssel mit einem feuchten Tuch bedecken, den Pizzateig auf das doppelte Volumen aufgehen lassen.
2 Den Spinat im Dampf zusammenfallen lassen, in ein Sieb geben und gut ausdrücken und erkalten lassen.
3 Pilze in feine Scheiben und Frühlingszwiebeln in Ringe schneiden, im Olivenöl 5 Minuten dünsten, in einem Sieb abtropfen und erkalten lassen.
4 Backofen auf 180 °C vorheizen.
5 Teig ausrollen, in die geölte Form legen. Teigboden mit Speckscheiben belegen, zuerst Spinat, dann Champignons darüber verteilen. Stielansatz bei den Tomaten kreisförmig herausschneiden, Tomaten in feine Scheiben schneiden, auf die Pilze legen, mit Mozzarellascheiben abschließen, mit Chilipulver bestäuben.
6 Pizza in der Mitte in den Ofen schieben, bei 180 °C 30 bis 40 Minuten backen.

Pizza mit Truthahnbruststreifen und Rucola

für ein großes rechteckiges Backblech
für 3 bis 4 Personen als Mahlzeit

Pizzateig

250 g Weißmehl/Mehltype 405
½ Hefewürfel
½ TL Meersalz
1 TL abgezupfte Oreganoblättchen
1½ dl/150 ml lauwarmes Wasser
40 g Olivenöl nativ extra

Marinade

1 EL Olivenöl nativ extra
1 EL Zitronensaft
1 Prise Salz
wenig frisch gemahlener Pfeffer

Belag

250 g Truthahn-/Putenbrust, in feinen Streifen
1 EL Tomatenmark
150 g Rucola
400 g Tomaten
1 mittelgroße Zwiebel
250 g Mozzarella, in Scheiben
1 TL Paprikapulver

1 Für den Pizzateig das Mehl in eine Schüssel geben und eine Vertiefung formen, Hefe mit wenig lauwarmem Wasser in die Vertiefung geben, 2 bis 3 EL Mehl unterrühren, Vorteig 15 Minuten gehen lassen. Salz sowie Oregano über den Mehlring streuen. Restliches Wasser und Olivenöl zugeben, alles zusammenfügen, Teig auf der Arbeitsfläche gut kneten. Schüssel mit einem feuchten Tuch bedecken, Pizzateig auf das doppelte Volumen aufgehen lassen.
2 Marinade zubereiten, mit dem Fleisch vermengen, zugedeckt 15 Minuten marinieren.
3 Backofen auf 180 °C vorheizen.
4 Pizzateig ausrollen, in die geölte Form legen. Teigboden mit Tomatenmark bestreichen, die Hälfte des Rucola darauf verteilen. Stielansatz der Tomaten kreisförmig herausschneiden, Zwiebel in Ringe schneiden, auf dem Rucola verteilen, Fleischstreifen und restlichen Rucola einfüllen, abschließen mit Mozzarella, mit Paprika abschmecken.
5 Pizza in der Mitte in den Ofen schieben, bei 180 °C 30 bis 40 Minuten backen.

Spargel-Pizza

für eine große rechteckige Backform
für 2 bis 3 Personen als Mahlzeit

Pizzateig

200 g Weißmehl/Mehltype 405
½ Hefewürfel
1 TL Salz
30 g Olivenöl nativ extra
1 dl/100 ml lauwarmes Wasser

Belag

500 g grüner Spargel
2 Knoblauchzehen
1 Bund Petersilie, Blättchen abgezupft und fein geschnitten
250 g Mozzarella, in Scheiben
2 Freilandeier
1 Prise Meersalz
frisch gemahlener Pfeffer

1 Für den Pizzateig Mehl in eine Schüssel geben, eine Vertiefung formen, Hefe mit wenig lauwarmem Wasser in die Vertiefung geben, 2 bis 3 EL Mehl unterrühren, Vorteig 15 Minuten gehen lassen. Salz über den Mehlring streuen. Restliches Wasser und Olivenöl zugeben, alles zusammenfügen, Teig gut kneten. Schüssel mit einem feuchten Tuch bedecken, Pizzateig auf das doppelte Volumen aufgehen lassen.
2 Die untere Hälfte des Spargels schälen, Schnittstelle abschneiden, im Dampf knackig garen, erkalten lassen.
3 Backofen auf 200 °C vorheizen.
4 Pizzateig ausrollen, in die geölte Form legen. Knoblauchzehen in feine Scheiben schneiden, mit der Petersilie auf den Teigboden verteilen. Mit dem Spargel belegen, Mozzarella darauf legen. Eier verquirlen, mit Salz und Pfeffer würzen, über die Pizza gießen.
5 Pizza auf der untersten Schiene in den Backofen schieben, bei 200 °C 40 Minuten backen.

Calzone mit Feta, Pilzen und Oliven

für 2 Personen als Mahlzeit

Pizzateig

250 g Weißmehl/Mehltype 405
½ TL Salz
1 TL getrocknete Provencekräuter
½ Hefewürfel
40 g Olivenöl nativ extra
ca. 1¼ dl/125 ml Wasser

Füllung

2 EL Olivenöl nativ extra
250 g Pilze, in Scheiben
300 g Tomaten
200 g Feta, gewürfelt
100 g schwarze Oliven
2 EL Kapern
20 g eingelegte Sardellenfilets
frisch gemahlener Pfeffer

1 Für den Pizzateig das Mehl in eine Schüssel geben, eine Vertiefung formen, Hefe mit wenig lauwarmem Wasser in die Vertiefung geben, 2 bis 3 EL Mehl unterrühren, den Vorteig 15 Minuten gehen lassen. Salz und Provencekräuter über den Mehlring streuen. Restliches Wasser und Olivenöl zugeben, alle Zutaten zusammenfügen, Teig gut kneten. Schüssel mit einem feuchten Tuch bedecken, den Pizzateig auf das doppelte Volumen aufgehen lassen.
2 Für die Füllung Pilze in feine Scheiben schneiden, im Olivenöl dünsten, in einem Sieb abtropfen und auskühlen lassen.
3 Backofen auf 200 °C vorheizen.
4 Teig 2 bis 3 mm dick und möglichst rund ausrollen. Den Stielansatz der Tomaten kreisförmig herausschneiden, Tomaten in Scheiben schneiden, auf eine Teighälfte legen, Feta, Oliven, Kapern, Sardellen und Pilze darüber verteilen, mit Pfeffer abschmecken. Teig darüber legen, Ränder mit einer Gabel andrücken.
5 Calzone auf der zweituntersten Schiene in den Backofen schieben, bei 200 °C 45 Minuten backen.

Gefülltes Pizzabrot

Pizzateig

300 g feines Vollkornmehl
300 g Weißmehl/Mehltype 405
1 Hefewürfel
1 EL Meersalz
3 dl/300 ml lauwarmes Wasser
50 g Olivenöl nativ extra

Füllung

2 EL Olivenöl nativ extra
2–3 Frühlingszwiebeln, grob geschnitten
2–3 mittelgroße Tomaten, geschält, entkernt, klein gewürfelt
3 Bund glattblättrige Petersilie, Blätter von den Stielen gezupft, grob geschnitten
½ TL Meersalz
3–4 Knoblauchzehen, durchgepresst
1 EL abgezupfte Oreganoblättchen

120 g Olivenpaste von dunklen Oliven
½ TL grobkörniges Meersalz

1 Für den Teig die beiden Mehle in einer Schüssel mischen, eine Vertiefung formen, Hefe und ein wenig lauwarmes Wasser in die Vertiefung geben, 2 bis 3 EL Mehl unterrühren, den Vorteig 15 Minuten gehen lassen. Salz über den Mehlkranz streuen. Olivenöl und restliches Wasser in die Vertiefung gießen, alles zu einem geschmeidigen Teig kneten. Die Schüssel mit einem feuchten Tuch bedecken. Den Teig auf das doppelte Volumen aufgehen lassen.
2 Für die Füllung Zwiebeln im Olivenöl andünsten, Tomaten und Petersilie zugeben und zugedeckt etwa 10 Minuten köcheln, in einem feinmaschigen Sieb abtropfen lassen. Tomaten mit Knoblauch, Oregano und Salz würzen.
3 Backofen auf 180 °C vorheizen. Backblech einölen.
4 Hefeteig zu einem etwa 1 cm dicken Quadrat ausrollen. Zuerst Olivenpaste, dann Tomaten gleichmäßig auf dem Teig verteilen. Das Teigblatt einmal falten, auf das Blech legen. Teig mit einer Holzkelle mehrmals eindrücken, mit Meersalz bestreuen.
5 Pizzabrot in der Mitte in den Ofen schieben, bei 180 °C 40 Minuten backen.

Fladenbrot, Seite 76

Fladenbrot mit schwarzen Oliven

für ein großes rechteckiges Blech

500 g Weißmehl/Mehltype 405
½ Hefewürfel
3 dl/300 ml lauwarmes Milchwasser
(½ Milch/½ Wasser)
2 EL Olivenöl nativ extra
1 TL Salz
250 g Kalamata-Oliven (schwarze Oliven),
entsteint und gehackt
je 1 TL getrockneter Oregano und grobkörniges Salz
1 EL Olivenöl nativ extra

1 Mehl in eine Schüssel geben und eine Vertiefung formen. Hefe in wenig lauwarmem Milchwasser auflösen, in die Vertiefung gießen, 2 bis 3 EL Mehl unterrühren. Vorteig 15 Minuten gehen lassen.
2 Salz (1 TL) über den Mehlring streuen. Öl (2 EL) und restliches Milchwasser zum Vorteig geben, zu einem lockeren Teig kneten. Brotteig bei Zimmertemperatur mindestens 1 Stunde gehen lassen. Nochmals durchkneten.
3 Backofen auf 200 °C vorheizen.
4 Das Blech einölen. Den Teig auf dem Blechrücken ausrollen. Mit den Oliven bedecken, Oregano und grobkörniges Salz (1 TL) darüber streuen. Mit Olivenöl (1 EL) beträufeln.
5 Olivenbrot in der Mitte in den Ofen schieben, bei 200 °C 20 bis 30 Minuten backen.

Bild Seite 75

Gefülltes Dinkelbrot

Teig
400 g Dinkelweißmehl/Mehltype 630
½ Hefewürfel
1 TL Meersalz
2–2½ dl/200–250 ml Wasser
40 g Olivenöl nativ extra

Füllung
160 g Ricotta
2 EL grüne Olivenpaste
1 Bund Schnittlauch, fein geschnitten
2 Knoblauchzehen, durchgepresst
2 EL Olivenöl nativ extra
1 Prise Meersalz

30 g geriebener Käse

1 Dinkelmehl in eine Schüssel geben, eine Vertiefung formen. Hefe und ein wenig laurwarmes Wasser in die Vertiefung geben, 2 EL Mehl unterrühren. Vorteig etwa 15 Minuten gehen lassen. Das Salz über den Mehlkranz streuen, Olivenöl und restliches Wasser zugeben, zu einem Teig kneten. Die Teigschüssel mit einem feuchten Tuch bedecken, Teig auf das doppelte Volumen aufgehen lassen.
2 Für die Füllung alle Zutaten mischen.
3 Backofen auf 180 °C vorheizen. Backblech einölen.
4 Den Teig zu einem Rechteck von 22 cm x 48 cm ausrollen, quer halbieren.
5 Eine Teighälfte auf das Blech legen. Die Füllung mit einem Kaffeelöffel in 5 gleichmäßigen und 15 mm dicken Reihen, jeweils im Abstand von mindestens 10 mm auftragen, Abstand zum Rand 15 mm. Zwischenräume und Rand mit ein wenig Wasser bepinseln. Zweite Teighälfte darüber legen und Zwischenräume mit einer Holzkelle fest andrücken. Käse darüber streuen.
6 Dinkelbrot auf der untersten Schiene in den Backofen schieben, bei 180 °C etwa 50 Minuten backen.

Odile's Fetacake

für eine Cake-/Kastenform von 30 cm Länge

180 g Weißmehl/Mehltype 405
½ Hefewürfel (21 g)
1 dl/100 ml lauwarme Milch
3 Freilandeier
40 g Olivenöl nativ extra
2 Basilikumzweiglein, fein geschnitten
ein wenig Schnittlauch, fein geschnitten
3 Zweiglein Petersilie, Blätter abgezupft und fein geschnitten
1 Prise Meersalz
frisch gemahlener Pfeffer
200 g Feta, auf dem Gemüsehobel gerieben
100 g geriebener Gruyère

1 Ofen auf 180 °C vorheizen. Cakeform einölen.
2 Das Mehl in eine Schüssel füllen, eine Vertiefung formen. Hefe und wenig lauwarme Milch in die Vertiefung geben, 2 bis 3 EL Mehl unterrühren. Den Vorteig 15 Minuten gehen lassen. Eier verquirlen, restliche Milch, Olivenöl und Kräuter unterrühren, mit Salz und Pfeffer abschmecken, zusammen mit geriebenem Käse zum Vorteig geben, zu einem Teig rühren. In die Form füllen.
3 Form in der Mitte in den Backofen schieben, Cake bei 180 °C etwa 50 Minuten backen.

Dinkelbrötchen mit Cashewnüssen

für 6 Brötchen

300 g Dinkelvollkornmehl
3 EL Cashewnüsse, fein gehackt
½ Hefewürfel
1 TL Meersalz
1½–2 dl/150–200 ml lauwarmes Wasser
30 g Olivenöl nativ extra

1 Mehl in eine Schüssel geben und eine Vertiefung formen, Hefe und ein wenig lauwarmes Wasser in die Vertiefung geben, 2 EL Mehl unterrühren, Vorteig 15 Minuten gehen lassen. Salz über den Mehlring verteilen. Restliches Wasser, Olivenöl und Nüsse zugeben, zu einem weichen geschmeidigen Teig kneten. Schüssel mit einem feuchten Tuch bedecken, Teig auf das doppelte Volumen aufgehen lassen.
2 Backofen auf 180 °C vorheizen. Backblech einölen.
3 Den Teig in 6 bis 8 gleich große Portionen teilen, daraus Kugeln formen, diese zweimal etwa 4 mm tief einschneiden, auf das Backblech legen.
4 Die Dinkelbrötchen auf der untersten Schiene in den Ofen schieben und bei 180 °C 20 bis 30 Minuten backen.

Brötchen mit Tomaten und Rosmarin

für 16 Brötchen

300 g Vollkornmehl
300 g Weißmehl/Mehltype 405
1 Hefewürfel
ca. 3 dl/300 ml lauwarmes Wasser
½ TL Meersalz
1 TL Kreuzkümmelpulver
5 EL Olivenöl nativ extra
3 Knoblauchzehen, fein gehackt
16 Cherrytomaten
16 Rosmarinzweiglein, 5 cm lang
grobes Meersalz zum Bestreuen

1 Für den Teig die beiden Mehle in einer Schüssel mischen und eine Vertiefung formen. Hefe und ein wenig lauwarmes Wasser in die Vertiefung geben, 2 EL Mehl unterrühren, Vorteig 15 Minuten gehen lassen. Meersalz und Kreuzkümmelpulver über den Mehlring streuen. Restliches Wasser, Olivenöl und Knoblauch zugeben, zu einem weichen Teig kneten. Teigschüssel mit einem feuchten Tuch bedecken, den Teig auf das doppelte Volumen aufgehen lassen.
2 Backofen auf 180 °C vorheizen. Backblech einölen.
3 Teig in 16 gleich große Portionen teilen, etwas flach drücken, je eine Cherrytomate einpacken, verschließen. Rosmarinzweiglein durch das Brötchen stecken, auf das Blech legen. Brötchen sparsam mit Wasser bepinseln, mit grobem Meersalz bestreuen.
4 Brötchen auf der untersten Schiene in den Backofen schieben, bei 180 °C etwa 35 Minuten backen.

Brioches

für 12 Brioches

500 g Weißmehl/Mehltype 405
1 Hefewürfel
1 dl/100 ml lauwarme Milch
2 Freilandeier
50 g Olivenöl nativ extra
100 g Zucker
1 Prise Salz
1 Ei zum Bestreichen

1 Mehl in eine Schüssel geben und eine Vertiefung fomen. Hefe und ein wenig lauwarme Milch in die Vertiefung geben, 2 bis 3 EL Mehl unterrühren, Vorteig 15 Minuten gehen lassen. Eier verquirlen, restliche Milch, Olivenöl, Zucker und Salz unterrühren, zum Vorteig geben, alles zusammenfügen und kräftig kneten.
2 Den Teig in 4 gleich große Portionen und diese wiederum in je 4 Portionen teilen. 12 Kugeln formen. Restliche 4 Teigstücke in je 3 gleich große Stücke teilen, Kugeln formen. Die 12 großen Kugeln oben mit der Schere übers Kreuz einschneiden und eine kleine Kugel in die Vertiefung setzen. Auf ein eingefettetes Blech stellen. Brioches mit einem feuchten Tuch bedecken, 1½ Stunden gehen lassen.
3 Backofen auf 180 °C vorheizen.
4 Brioches mit Eigelb bestreichen. Auf der untersten Schiene in den Ofen schieben, bei 180 °C 20 bis 25 Minuten backen.

Speckzopf

500 g Weißmehl/Mehltype 405
½ Hefewürfel
2½ dl/250 ml Milch
40 g Olivenöl nativ extra
1 Prise Salz
300 g Speckwürfelchen
1 große Zwiebel, fein gehackt
1–2 EL Kräuter,
z. B. Oregano, Thymian, Rosmarin

1 Eigelb zum Bestreichen

1 Die Speckwürfelchen in einer Bratpfanne ohne Öl braten, Zwiebeln zufügen und andünsten, die Kräuter unterrühren, Flüssigkeit einkochen lassen, Speckmischung etwas abkühlen lassen.
2 Mehl in eine Schüssel füllen und eine Vertiefung formen. Die in wenig Milch aufgelöste Hefe in die Vertiefung gießen, 2 Esslöffel Mehl unterrühren, den Vorteig bei Zimmertemperatur etwa 15 Minuten gehen lassen.
3 Olivenöl unter den Vorteig rühren. Salz über den Mehlring streuen. Restliche Milch und Speckmischung zufügen, zu einem lockeren Teig kneten. Zopfteig bei Zimmertemperatur 1 Stunde oder länger gehen lassen. Durchkneten.
4 Backofen auf 200 °C vorheizen.
5 Für den klassischen 2-Strang-Zopf den Teig in 2 Portionen teilen, daraus etwa 60 cm lange Rollen drehen, die an den Enden etwas auslaufen. Zu einem Zopf flechten, Enden unter den Zopf legen. Zopf auf das geölte Blech legen, nochmals 30 Minuten gehen lassen. Vor dem Backen mit Eigelb bestreichen.
6 Speckzopf auf der untersten Schiene in den Ofen schieben, bei 200 °C 40 bis 50 Minuten backen.

Milchzopf

500 g Weißmehl/Mehltype 405
½ Hefewürfel
2½–3 dl/250–300 ml lauwarmes Milchwasser
(½ Milch/½ Wasser)
20 g Olivenöl nativ extra
1 TL Zucker
½–1 TL Salz
1 Eigelb zum Bestreichen

1 Mehl in eine Schüssel füllen, eine Vertiefung formen. Die in wenig lauwarmem Milchwasser aufgelöste Hefe in die Vertiefung gießen, 2 bis 3 Esslöffel Mehl unterrühren. Vorteig bei Zimmertemperatur 15 Minuten gehen lassen.
2 Salz über den Mehlring streuen. Olivenöl, Zucker und restliches Milchwasser zum Vorteig geben, zu einem geschmeidigen Teig kneten. Zopfteig bei Zimmertemperatur mindestens 1 Stunde gehen lassen. Nochmals durchkneten.
3 Zopf flechten: siehe Speckzopf. Den Zopf auf das eingeölte Blech legen, nochmals 30 Minuten gehen lassen.
4 Backofen auf 180 °C vorheizen.
5 Zopf auf der untersten Schiene in den Backofen schieben, bei 180 °C 45 bis 50 Minuten backen.

Zopf mit Olivenpaste gefüllt

für eine Cake-/Kastenform von 38 cm Länge

500 g Weißmehl/Mehltype 405
1 Hefewürfel
ca. 3 dl/300 ml lauwarmes Wasser
3 EL Olivenöl nativ extra
1 Msp Salz

Füllung
200 g Olivenpaste
wenig durchgepresster Knoblauch
frisch gemahlener Pfeffer

1 Mehl in eine Schüssel füllen und eine Vertiefung formen. Die in wenig lauwarmem Wasser aufgelöste Hefe in die Vertiefung gießen, 2 bis 3 EL Mehl unterrühren. Den Vorteig bei Zimmertemperatur 15 Minuten gehen lassen.
2 Salz über den Mehlring streuen, Olivenöl und restliches Wasser zugeben, zu einem weichen Teig kneten. Bei Zimmertemperatur mindestens 1 Stunde ruhen lassen. Nochmals durchkneten.
3 Teig zu einem Quadrat von 40 cm Seitenlänge ausrollen, in 3 gleich große Teile schneiden. Olivenpaste auf den Teigstreifen ausstreichen. Teigstreifen in Längsrichtung satt aufrollen, Teigrollen auf dem Backpapier zu einem Zopf flechten, dann in die eingeölte Cakeform legen. 30 Minuten gehen lassen.
4 Backofen auf 180 °C vorheizen.
5 Olivenzopf auf der untersten Schiene in den Ofen schieben, bei 180 °C 50 bis 60 Minuten backen.

Kräuterbrot

für 1 bis 2 Brote

300 g Weißmehl/Mehltype 405
400 g feines Vollkornmehl
1 Hefewürfel
4–5 dl/400–500 ml lauwarmes Wasser
2 EL Oreganoblättchen
1–1½ TL Salz
1 TL fein gehackte Rosmarinnadeln
4 EL Olivenöl nativ extra

1 Mehle in einer Schüssel mischen, eine Vertiefung formen. Hefe in wenig lauwarmem Wasser auflösen, in die Vertiefung gießen, 2 bis 3 Esslöffel Mehl unterrühren. Den Vorteig bei Zimmertemperatur 15 Minuten gehen lassen.
2 Oregano mit Salz über den Mehlring streuen. Olivenöl unter den Vorteig rühren. Alles vermengen und das restliche Wasser zufügen, zu einem weichen, geschmeidigen Teig kneten. Den Teig bei Zimmertemperatur auf das doppelte Volumen aufgehen lassen.
3 Backofen auf 180 °C vorheizen.
4 Teig nochmals gut durchkneten und 1 bis 2 Brotlaibe formen, diese mit einem scharfen Messer einige Male schräg einschneiden. Auf das Blech legen.
5 Brot in der Mitte in den Backofen schieben, bei 180 °C 50 Minuten (1 Brot) oder 35 Minuten (2 Brote) backen.

Pinienkernbrot mit Pestofüllung

für eine Cake-/Kastenform von 30 cm Länge

200 g Weißmehl/Mehltype 405
400 g feines Vollkornmehl
1 Hefewürfel
ca. 4 dl/400 ml lauwarmes Wasser
4 EL Olivenöl nativ extra
1–2 TL Salz, 100 g Pinienkerne

Füllung
250 g Mozzarella, klein gewürfelt
20 g Basilikumblätter, fein geschnitten
2 Knoblauchzehen
2 EL Olivenöl nativ extra
frisch gemahlener schwarzer Pfeffer

1 Die beiden Mehle in einer Schüssel mischen und eine Vertiefung formen. Die Hefe in wenig lauwarmem Wasser auflösen, in die Vertiefung gießen, 2 bis 3 EL Mehl unterrühren. Vorteig bei Zimmertemperatur 15 Minuten gehen lassen.
2 Salz und Pinienkerne über den Mehlring streuen. Olivenöl und restliches Wasser zum Vorteig geben, zu einem weichen, geschmeidigen Teig kneten. Den Brotteig bei Zimmertemperatur 1 Stunde gehen lassen. Nochmals durchkneten.
3 Mozzarella, Basilikum, durchgepresste Knoblauchzehen und Olivenöl mischen, mit Pfeffer abschmecken.
4 Backofen auf 180 °C vorheizen.
5 Cakeform mit Backpapier auskleiden. Teig in die Form füllen, die Mitte tief einschneiden und den Teig an die Wand drücken, damit die Kräuter-Mozzarella-Mischung genügend Platz hat.
6 Pinienbrot auf der untersten Schiene in den Ofen schieben, bei 180 °C 50 bis 60 Minuten backen.

Baguette mit schwarzen Oliven

ein herrliches Brot für Picknick und Buffet

500 g Weißmehl/Mehltype 405
½ Hefewürfel
ca. 2 dl/200 ml lauwarmes Wasser
20 g Olivenöl nativ extra
1 Prise Salz
1 Thymianzweiglein, Blättchen abgezupft
200 g Kalamata-Oliven (schwarze Oliven), entsteint und gehackt
1 EL grobkörniges Salz

1 Mehl in eine Schüssel geben und eine Vertiefung formen. Die Hefe in wenig lauwarmem Wasser auflösen, in die Vertiefung gießen, 2 bis 3 EL Mehl unterrühren. Den Vorteig bei Zimmertemperatur 15 Minuten gehen lassen.
2 Salz, Thymian und Oliven über den Mehlring streuen. Olivenöl und restliches Wasser zum Vorteig geben, zu einem lockeren, weichen Teig kneten. Brotteig bei Zimmertemperatur 1 Stunde oder länger gehen lassen. Nochmals durchkneten.
3 Backofen auf 180 °C vorheizen.
4 Teig in zwei Portionen teilen. Daraus zwei längliche Brote formen, zweimal mit einem Messer diagonal einschneiden. Das grobkörnige Salz darüber streuen.
5 Baguettes auf der untersten Schiene in den Ofen schieben, bei 180 °C 50 Minuten (eine Baguette) oder 35 Minuten (zwei Baguettes) backen.

Schnecken mit Zucchini-Käse-Füllung

Teig
200 g Weißmehl/Mehltype 405 oder
100 g Weißmehl/Mehltype 405 und
100 g feines Vollkornmehl
½ TL phosphatfreies Backpulver
1 Prise Salz
40 g Olivenöl nativ extra
3–4 EL Milch
100 g Rahm-/Sahnequark

Füllung
200 g Zucchini
100 g geriebener Käse
20 g Olivenöl nativ extra
1 Prise Salz
1 TL Paprikapulver
frisch gemahlener schwarzer Pfeffer

1 Mehle, Backpulver sowie Salz mischen. Olivenöl, Milch und Quark glattrühren, zum Mehl geben, zu einem Teig kneten. Teig in Klarsichtfolie einwickeln und im Kühlschrank 1 Stunde ruhen lassen.
2 Für die Füllung Zucchini beidseitig kappen und auf der Röstiraffel reiben. Käse mit dem Olivenöl unterrühren, mit Salz, Paprika und Pfeffer würzen.
3 Aus dem Quarkteig ein Teigblatt von 40 cm x 34 cm ausrollen, die Füllung gleichmäßig darauf verteilen. Teigblatt längs satt einrollen. Für 15 Minuten in den Tiefkühler legen.
4 Backofen auf 180 °C vorheizen. Ein großes Backblech einölen.
5 Teigrolle mit einem scharfen Messer in 6 bis 8 mm dicke Scheiben schneiden, auf das Blech legen. Die Schnecken werden durch das Portionieren etwas unförmig, beim Backen wird dies aber wieder ausgeglichen.
6 Zucchini-Käse-Schnecken in der Mitte in den Ofen schieben, bei 180 °C etwa 30 Minuten backen.
Varianten Für Schnecken mit Olivenfüllung vermengt man 120 g Olivenpaste, 1 TL Oreganoblättchen oder Provencekräuter, 1 durchgepresste Knoblauchzehe, 1 EL Olivenöl und rundet das Ganze mit frisch gemahlenem schwarzem Pfeffer ab. Ansonsten gleiche Zubereitung wie Zucchini-Käse-Schnecken. Bei 180 °C in der Mitte in den Ofen schieben, 20 bis 25 Minuten backen. – Für eine Rohschinkenfüllung 80 g Rohschinken (oder Coppa) auf den ausgerollten Teig verteilen, 1 Bund Petersilie (Blättchen von den Stielen zupfen) hacken, mit 2 EL Olivenöl mischen, mit schwarzem Pfeffer abschmecken, auf den Rohschinken verteilen. Sonst gleiche Zubereitung wie Zucchini-Käse-Schnecken.

Karottenschnecken, Seite 86
Peperoni in der Teigspirale, Seite 87

Karottenschnecken

Quarkteig

200 g Weißmehl/Mehltype 405
½ TL Salz
½ TL phosphatfreies Backpulver
100 g Rahm-/Sahnequark
30 g Olivenöl nativ extra
3–4 EL Milch

Füllung

200 g Karotten, grob geraspelt (Röstiraffel/Gemüsehobel)
100 g geriebener Gouda oder Emmentaler
20 g Olivenöl nativ extra
½ Bund Petersilie, Blättchen abgezupft und fein gehackt
1 Knoblauchzehe, durchgepresst
1 TL Paprikapulver
1 Prise Salz
frisch gemahlener schwarzer Pfeffer

Bild Seite 85

1 Backofen auf 180 °C vorheizen. Das Backblech einölen.
2 Mehl mit Salz und Backpulver mischen, Quark, Milch sowie Olivenöl zugeben, zu einem weichen Teig zusammenfügen.
3 Für die Füllung alle Zutaten mischen, würzen.
4 Den Teig zu einem Rechteck von 40 cm x 34 cm ausrollen. Füllung gleichmäßig darauf verteilen. Teig in Längsrichtung satt einrollen. Die Teigrolle für etwa 15 Minuten in den Tiefkühler legen. Dann mit einem scharfen Messer in 8 bis 10 mm dicke Scheiben schneiden. Die Scheiben werden durch das Schneiden ein wenig unförmig, das gleicht sich aber beim Backen wieder aus. Die Scheiben auf das Backblech legen.
5 Karottenschnecken auf der untersten Schiene in den Backofen schieben, bei 180 °C etwa 35 Minuten backen.

Peperoni/Paprikas in der Teigspirale

Teig

120 g Ruch-/Schwarzmehl/Mehltype 1050
80 g Weißmehl/Mehltype 405
½ Hefewürfel
½ TL Salz
30 g Olivenöl nativ extra
1,1 dl/110 ml lauwarmes Wasser

Füllung

120 g Feta
½ Zitrone, Saft
½ TL getrockneter Oregano
1 Knoblauchzehe, durchgepresst
1 TL Olivenöl nativ extra
Pfeffer nach Belieben

12 Hornpeperoni/-paprika (lange Schote)
12 Scheiben Speck

1 Für den Teig die beiden Mehle in einer Schüssel mischen, eine Vertiefung formen. Hefe mit ein wenig lauwarmem Wasser in die Vertiefung geben, 1 bis 2 Esslöffel Mehl unterrühren. Den Vorteig 15 Minuten gehen lassen.
2 Das Salz über den Mehlring streuen, Olivenöl und restliches Wasser zugeben, zu einem weichen Teig verarbeiten. Die Teigschüssel mit einem feuchten Tuch zudecken, Teig auf das doppelte Volumen aufgehen lassen.
3 Für die Füllung Feta mit einer Gabel zerdrücken, mit Zitronensaft, Oregano, Knoblauch und Olivenöl mischen, mit Pfeffer abschmecken.
4 Den Peperoni einen Deckel abschneiden, Früchte entkernen, mit dem Feta füllen. Speckscheiben in Längsrichtung auf die Schoten legen, dabei die Öffnung mit dem Speck verschließen.
5 Backofen auf 180 °C vorheizen. Blech einfetten.
6 Den Hefeteig zu einem Rechteck von 36 cm x 24 cm ausrollen. Mit dem Teigrädchen 12 Streifen von 3 cm x 24 cm schneiden.
7 Peperonischoten in die linke Hand nehmen und Speckscheiben festhalten, mit dem Teigstreifen, bei der Öffnung beginnend, im Uhrzeigersinn einen Ring um die Schote legen, dann wie bei einem Z den Teigstreifen nach unten links führen und erneut einen Ring legen. Teigende etwas unter die Z-Linie schieben und andrücken. Auf das Blech legen.
8 Peperoni in der Mitte in den Ofen schieben, bei 180 °C etwa 30 Minuten backen.

Bild Seite 85

Rodolfis

Teig

200 g Rahm-/Sahnequark
70 g Olivenöl nativ extra
1 Freilandei
1 EL Milch
400 g Weißmehl/Mehltype 405
1 Prise Salz
1 TL phosphatfreies Backpulver

Füllung

250 g Kalamata-Oliven (schwarze Oliven), entsteint
30 g Sardellen
3 Knoblauchzehen
2 EL Olivenöl nativ extra
50 g Kapern
2 TL abgezupfte Oreganoblättchen
frisch gemahlener schwarzer Pfeffer

1 Eiweiß zum Bestreichen

1 Für den Teig Quark, Olivenöl, Ei sowie Milch gut verquirlen. Mehl, Salz und Backpulver mischen, zur Quarkmasse geben, alles zu einem weichen Teig zusammenfügen. Den Quarkteig in Klarsichtfolie einwickeln, im Kühlschrank eine Stunde ruhen lassen.
2 Für die Füllung Oliven und Sardellen hacken, in ein Schüsselchen geben. Knoblauchzehen dazupressen, Olivenöl, Kapern und Oregano unterrühren, mit etwas Pfeffer abschmecken. 1 Stunde ziehen lassen.
3 Backofen auf 180 °C vorheizen.
4 Quarkteig zu einem Rechteck von 45 cm x 60 cm ausrollen, mit dem Teigrädchen in Längsrichtung 3 Streifen von 15 cm Breite schneiden, jeden Streifen in 4 Quadrate schneiden; das gibt 12 Quadrate von 15 cm Seitenlänge. Die Teigplätzchen mit wenig Olivenöl bepinseln. 1 bis 2 EL der Füllung auf eine Hälfte verstreichen. Die Teigränder mit wenig verquirltem Eiweiß bepinseln. Die Teigplätzchen zusammenklappen. Oberfläche mit einem scharfen Messer zweimal schräg einschneiden.
5 Rodolfis in der Mitte in den Ofen schieben, bei 180 °C etwa 20 Minuten backen.
Tipp Die Rodolfis schmecken auch kalt köstlich.

Thunfischkrapfen, Seite 89

Thunfischkrapfen

für ca. 16 Stück

Teig

500 g Weißmehl/Mehltype 405
½ Hefewürfel
2½ dl//250 ml lauwarmes Wasser
40 g Olivenöl nativ extra
1 TL Salz
1 EL Kräuteressig

Füllung

40 g fein gehackte Zwiebeln
1 Bund Dill, gehackt
100 g Thunfisch, natur, zerpflückt
2 EL Olivenöl nativ extra
1 Prise Salz
½ TL Paprikapulver
frisch gemahlener schwarzer oder weißer Pfeffer

1 Eiweiß zum Bestreichen

1 Mehl in eine Schüssel geben und eine Vertiefung formen. Die in wenig Wasser aufgelöste Hefe in die Vertiefung gießen, 2 bis 3 EL Mehl unterrühren. Den Vorteig bei Zimmertemperatur 15 Minuten gehen lassen.
2 Salz und Essig über den Mehlring verteilen. Restliches Wasser und Olivenöl zum Vorteig geben, zu einem weichen Teig kneten. 1 Stunde bei Zimmertemperatur gehen lassen. Nochmals durchkneten.
3 Alle Zutaten für die Füllung mischen, mit Pfeffer abschmecken.
4 Backofen auf 180 °C vorheizen.
5 Teig in 16 Portionen von 45 bis 50 g teilen. Teigstücke von Hand mit etwas Mehl zu flachen Rondellen von 10 cm Durchmesser formen. Rand mit Eiweiß bestreichen. Füllung (1 EL) auf eine Hälfte geben, die andere Hälfte darüber klappen. Den Rand mit einer Gabel etwas andrücken. Auf ein leicht geöltes Blech legen.
6 Krapfen in der Mitte in den Ofen schieben, bei 180 °C 25 Minuten backen.

Bild Seite 89

Laugenstangen

für 13 bis 15 Stück

100 g feines Vollkornmehl
400 g Weißmehl/Mehltype 405
½ Hefewürfel
2½–3 dl/250–300 ml lauwarmes Wasser
40 g Olivenöl nativ extra
1 EL Salz (18 g)

1–2 EL grobkörniges Salz, für die Garnitur

Lauge
80 g Natron (Drogerie/Apotheke/Bäckerei)
1 TL Salz
1 l Wasser

1 Mehle in einer Schüssel mischen, eine Vertiefung formen. Die in ein wenig lauwarmem Wasser aufgelöste Hefe in die Vertiefung gießen, 2 bis 3 Esslöffel Mehl unterrühren. Vorteig bei Zimmertemperatur 15 Minuten gehen lassen.
2 Das Salz über den Mehlring streuen, Olivenöl und die Hälfte des Wassers unter den Vorteig rühren, restliches Wasser zugeben, zu einem lockeren, weichen Teig kneten. Den Teig in vier gleich große Portionen teilen, aus jedem Teigstück eine Rolle von 2 bis 3 cm Durchmesser drehen, in 12 cm lange Stücke schneiden, auf ein Backblech legen. Mit einem feuchten Küchentuch bedecken, etwa 1 Stunde gehen lassen.
3 Natron, Salz und Wasser in einer großen Pfanne aufkochen, die Wärmequelle unmittelbar vor Erreichen des Siedepunktes ausschalten. Teigrollen in einem Schaumlöffel einzeln in die Lauge tauchen, abtropfen lassen, wieder auf das Blech legen, mit dem Messer einschneiden, das grobkörnige Salz darüber streuen.
4 Backofen auf 180 °C vorheizen.
5 Die Laugenstangen auf der untersten Schiene in den Ofen schieben, bei 180 °C 20 bis 25 Minuten backen.
Tipp Knuspriger werden die Laugenstangen, wenn man sie nach 15 Minuten Backzeit (keinesfalls früher) mit Olivenöl bepinselt.

Natronlauge
Sie ist ätzend und sollte deshalb weder mit den Augen noch mit Kinderhänden in Kontakt kommen. Die Lauge ist bis dreimal verwendbar. Sie kann in einer Glasflasche im Kühlschrank 2 Monate gelagert werden. Lauge über die Verkaufsstelle (Drogerie/Apotheke) entsorgen.

Wir über uns

Wie kommt es, dass zwei Schweizer in Griechenland leben? Es sind jetzt mehr als 10 Jahre her, dass mein Mann Rolf und ich Griechenland mit dem Fahrrad «entdeckt» haben. Land, Leute und Olivenbäume haben uns so fasziniert und berührt, dass der Wunsch aufkam, in diesem Land zu leben.

Unser Traum wurde Wirklichkeit. Auf dem Südpeloponnes, mit traumhaftem Blick auf das weite Meer, inmitten eines Olivenhains, haben wir während vielen Jahren in eigener Regie und mit eigener Muskelkraft ein Steinhaus gebaut.

Mit der Schweiz sind wir – privat und geschäftlich – immer noch verbunden. So haben wir in den letzten Jahren einen Vertrieb von griechischem Olivenöl nativ extra, Kalamata-Oliven, Olivenpasten und mehr für Privatkunden aufgebaut. Einmal jährlich fahren wir in die Schweiz, um unsere Kunden mit den griechischen Erzeugnissen zu beliefern. Damit verbunden ist jeweils ein Ölfest – wir fachsimpeln und geben nützliche Informationen rund um das Olivenöl weiter.

Im November 2005 hat die Autorin im Eigenverlag den Titel «olivenöl und nüsse», ISBN 3-033-00550-0 (ab Januar 2007 13 978-3-033-00550-1) herausgegeben.

www.olivenoel-oliven.ch

Es blüht ein herrlicher Baum in unserem dorischen Land:

unsere süße, silberne Amme, die Olive.

Selbst erzeugt und unsterblich, ohne Furcht vor Feinden,

trotzt ihre zeitlose Stärke Übeltätern alt und jung,

denn Zeus und Athena wachen über sie mit nimmermüden Augen.

Sophokles